C000170512

# Mágicas

Carlota Santos
(Carlotydes)

# Mágicas

## Guía ilustrada de magia

B

Papel certificado por el Forest Stewardship Council®

Primera edición: junio de 2022
Segunda reimpresión: noviembre de 2022



*Printed in Spain* – Impreso en España

ISBN: 978-84-18051-54-8
Depósito legal: B-7.615-2022

Compuesto en M. I. Maquetación, S. L.

Impreso en Gráficas 94, S. L.
Sant Quirze del Vallès (Barcelona)

PB 5 1 5 4 B

# AGRADECIMIENTOS

Como en mi primer libro fui muy escueta en mi dedicatoria (se lo dediqué a mi abuelo, que había fallecido hace dos años, y al que también le dedico en este unas líneas), voy a extenderme bastante más, para agradecer a las personas que más quiero todo su apoyo y cariño. Me han proporcionado un ambiente acogedor donde poder ser yo misma y hacer cosas desde el amor, como este libro.

A mi madre, por hacerme sentir segura, protegida y querida, además de darme la oportunidad de descubrir la magia del arte, la mitología y el cine desde muy pequeña y, de este modo, expandir mis horizontes, mi creatividad y mi sensibilidad.

A mi abuela Rosa, por enseñarme el valor de ser independiente, trabajadora y, sobre todo, generosa.

A mi abuelo Lesmes, también por su generosidad y sensibilidad; echo de menos su capacidad de sorprenderme siempre con sus opiniones e ideas.

A mi padre, por enseñarme también el valor del esfuerzo y la capacidad (que aún estoy aprendiendo porque me cuesta más que a él) de ver siempre el lado positivo de las situaciones y las personas.

Y, por último, a todas las niñas y mujeres a las que alguna vez les han dicho que son demasiado sensibles o demasiado intensas. Que aprendan a ver que precisamente ahí está su fortaleza y su mayor poder.

Carlota

## ¿Cómo leer «Mágicas»?

«Mágicas» es un libro para ayudarte a introducirte en el mundo mágico, para conectar con tu energía y con todo tu potencial. Puedes usarlo para consultar datos puntuales o para aprender desde cero, tú decides, es tu aprendizaje.

## Índice

# 1. CONCEPTOS BÁSICOS

## Magia y tipos de magia

La magia es la energía que cada una poseemos para manifestar la vida que queremos, valorarnos a nosotras mismas y vivir una vida más plena y consciente. Existen varios tipos de magia.

### Magia blanca

La magia blanca es aquella que se realiza con buena intención y para mover nuestra propia energía sin intervenir en la de los demás.

### Magia negra

La magia negra se utiliza para intervenir en la energía de los demás. Se puede realizar para perjudicar a alguna persona o para protegernos de alguien que nos ha hecho magia negra. Este último caso es el único que me parece justificable para emplearla. Algunas personas que practican magia consideran que esta distinción entre magia blanca y magia negra no existe y que todo depende de la intención. Una maldición, un mal de ojo y algunos tipos de amarre se consideran magia negra.

### Magia roja

La magia roja puede referirse a magia ritual antigua, muy compleja, o a la magia relacionada con la energía sexual.

### Magia verde

Es una de las magias más antiguas. Consiste en conocer los elementos naturales, como las diversas plantas, respetarlos e incorporarlos a la práctica.

### Magia azul

Magia que emplea el elemento agua en la práctica.

### Magia rosa

Se trata de un tipo de magia parecida a la roja, pero más suave. Se relaciona con el amor, en su forma más sosegada. Algunas corrientes consideran el endulzamiento magia rosa; otras lo consideran simplemente magia blanca.

## Bruja

La palabra «bruja» puede definir a las mujeres que emplean la magia. Tiene una connotación históricamente negativa que conviene revisar. El feminismo, desde los años setenta, se ha apropiado de la palabra para definir a las mujeres que se salen del sistema. Puedes practicar magia sin considerarte una bruja, pero es frecuente autodesignarse así si realizas este tipo de prácticas.

## Ritual

Aunque podría definirse de muchas formas, para mí un ritual es un momento de pausa donde se reflexiona sobre un objetivo o energía que se quiere mover o encontrar. Puede ser más sencillo o más complejo, pero, además de los diversos elementos y herramientas, lo más importante será tener la intención y confiar en nuestra intuición.

## Intención

La intención es la parte más importante de un ritual. Podemos tener las herramientas más caras, pero si no tenemos clara la intención del ritual, no saldrá bien.

Para lograr esa intención es necesario estar tranquila, tener la mente despejada y tener clarísimo el objetivo de nuestro ritual o hechizo. Para conseguir bien esa intención, debemos desarrollar nuestra intuición y conectar con nuestra espiritualidad (algunas corrientes denominan a esto «abrir el tercer ojo», que nos conecta con el plano inmaterial de la realidad.

## Intuición

La intuición es la capacidad que surge cuando conectamos con esa parte espiritual y confiamos en nuestro criterio. Debemos dejarnos fluir y confiar en nosotras mismas para encontrarla. Es la voz interior que nadie nos enseña a buscar, pues nuestra sociedad es muy materialista y racional, pero que nos puede aportar valiosa información si conseguimos conectar con ella.

## Don

No necesitas ningún don especial para adentrarte en este mundo. El mero hecho de haber decidido leer este libro ya es el propio don, las ganas de conectar con tu lado espiritual e iniciar este viaje de autoexploración, de aprender sobre lo que no es material y evidente a los ojos. Ese ya es el don que necesitas: tu curiosidad.

## La libertad de la práctica mágica: elige lo que resuene contigo

Lo que más me gusta de estas «cosas mágicas» es la gran libertad que suponen. Hay muy pocas normas, y muchísimas corrientes diferentes, por lo que realmente puedes elegir lo que más resuene en tu interior, dejándote guiar por tu intuición.

Con el simple hecho de encender una vela, mirar las ilustraciones de una baraja de tarot, realizar un ritual, salir a la luz de la luna llena o reunirte con tus amigas en el solsticio para celebrar y compartir ya consigues hacer magia, mover energía. Cuando lo haces de manera consciente, con intención, y confiando en ti misma, vas dándote cuenta del poder que tienen los deseos, las palabras y las intenciones, y es ahí cuando descubres todo el potencial de las cosas mágicas.

Las pocas normas que existen, para mí, se resumen en lo siguiente: centrar tus rituales y tu práctica en mimarte a ti misma, conectar con la naturaleza, sus estaciones y las fases de la luna; centrar tu energía en ser más consciente, cuidarte más y organizarte. Si te tomas un tiempo en sanar tus problemas del pasado, analizándote a ti misma, y lo compartes con los demás, la magia puede ser una herramienta superpoderosa.

Por supuesto, también tiene una parte divertida que a mí me encanta. Pocas cosas me gustan más que la sensación que queda después de ayudar a una amiga, con un ritual, a superar al cacas de su ex, o a ver las cosas desde otro punto de vista después de una sesión de tarot. Si conectas con tu intuición y confías en la conexión con la energía de los rituales, de las cartas o las herramientas que utilizas, vas a flipar con la cantidad de cosas que van a cambiar. La intuición bien desarrollada, en mi opinión, sirve para ver cosas que han pasado o que están por llegar. Es divertido, está claro, pero de verdad que, además, ayuda a sentirte mejor contigo misma y a conseguir tus objetivos y deseos.

¿Qué más puedes pedir?

2

# MAGIA ALREDEDOR DEL MUNDO

Existen diversas prácticas vinculadas a cada cultura. Algunas tienen que ver con la religión, en cambio, otras no; algunas son cerradas y otras, abiertas.

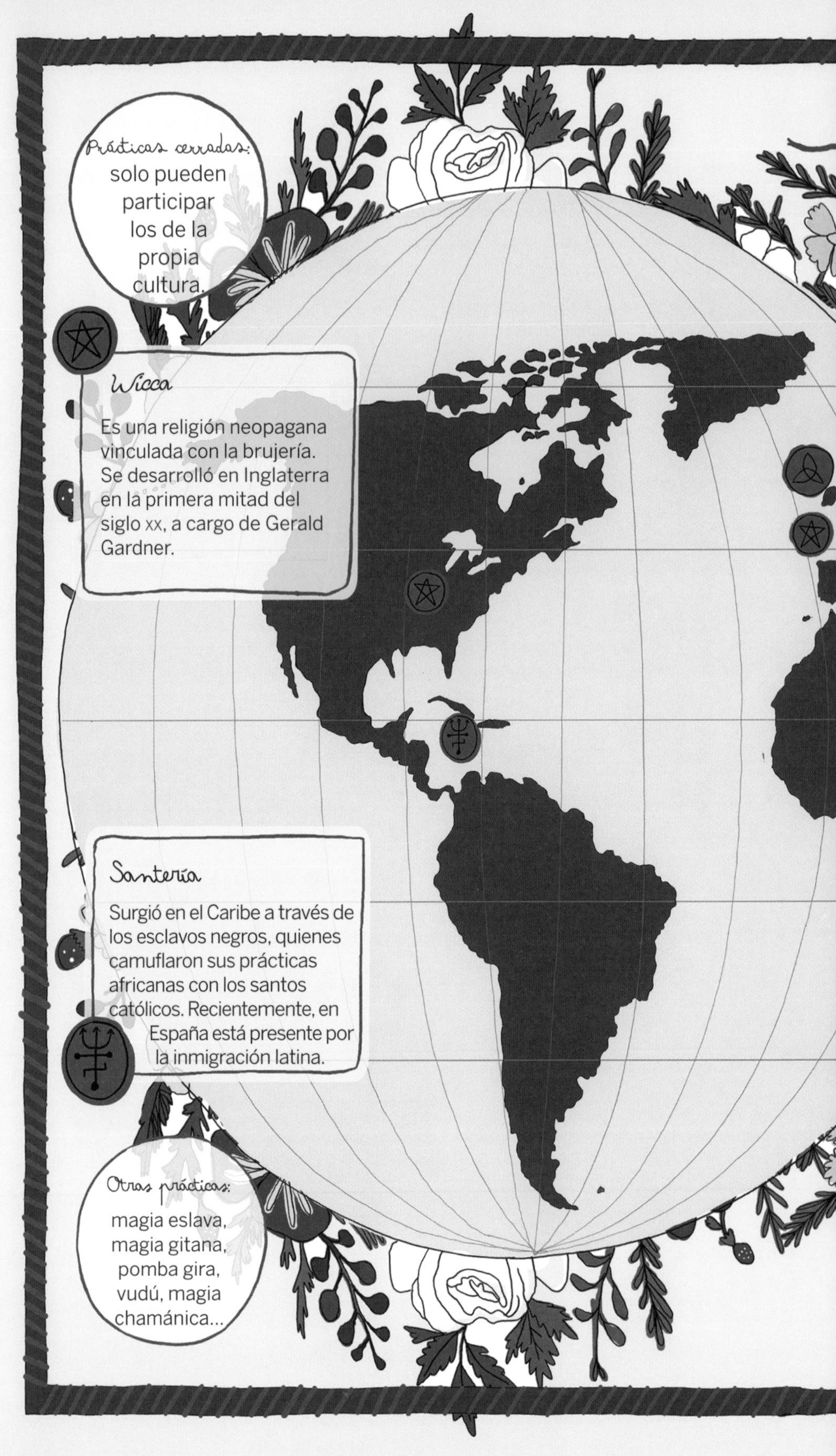
Prácticas cerradas:
solo pueden participar los de la propia cultura.
Wicca
Es una religión neopagana vinculada con la brujería. Se desarrolló en Inglaterra en la primera mitad del siglo XX, a cargo de Gerald Gardner.
Santería
Surgió en el Caribe a través de los esclavos negros, quienes camuflaron sus prácticas africanas con los santos católicos. Recientemente, en España está presente por la inmigración latina.
Otras prácticas:
magia eslava, magia gitana, pomba gira, vudú, magia chamánica...

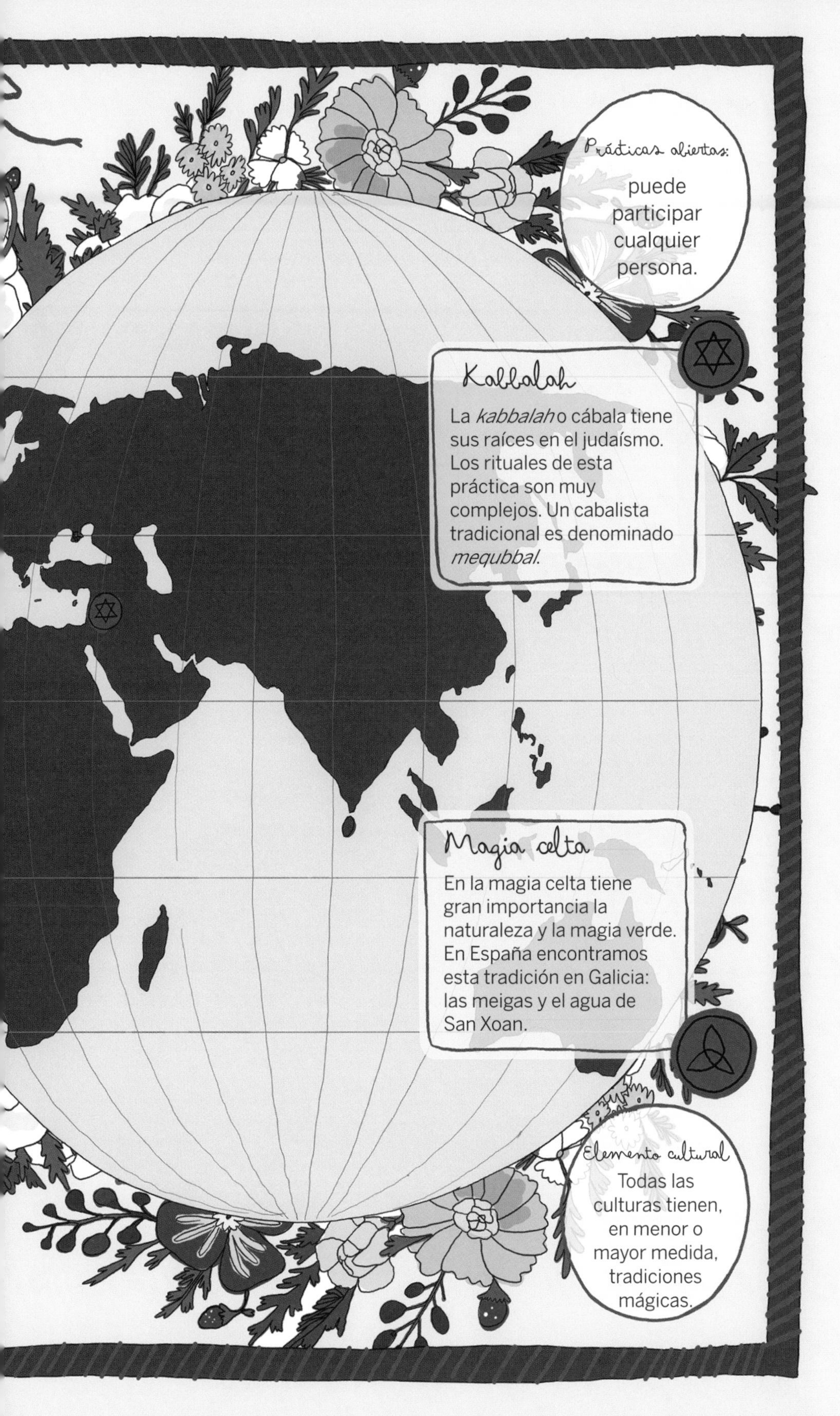
Prácticas abiertas:
puede participar cualquier persona.
Kabbalah
La *kabbalah* o cábala tiene sus raíces en el judaísmo. Los rituales de esta práctica son muy complejos. Un cabalista tradicional es denominado *mequbbal*.
Magia celta
En la magia celta tiene gran importancia la naturaleza y la magia verde. En España encontramos esta tradición en Galicia: las meigas y el agua de San Xoan.
Elemento cultural
Todas las culturas tienen, en menor o mayor medida, tradiciones mágicas.

# Nuestra práctica

Como te comentaba en páginas anteriores, lo bueno de la magia es que no hay dogmas ni reglas fijas. Con este libro tengo la intención de enseñarte lo básico, lo fundamental, lo que yo hago en mi día a día. Pero, recuerda, no es una religión, son una serie de rituales y tradiciones para celebrarte a ti misma y a la naturaleza; para desarrollar tu intuición y conectar con tu lado espiritual: la dimensión inmaterial de la realidad.

Para incorporar prácticas de culturas que no son la tuya, te aconsejo que preguntes a alguien de aquella cultura que quieres descubrir.

La información de este libro está abierta a todos, y cuando he cogido algo prestado de alguna tradición, lo he explicado.

Vamos a comenzar.

# 3. EL ESPACIO MÁGICO

El espacio mágico, también llamado altar, es un espacio personal dedicado a nosotras mismas. Nos servirá para conectar con nuestro interior y hacer rituales, como encender una vela o un incienso, guardar nuestras piedras y tarots o tener un momento de pausa y calma.

## ¿Dónde situar mi espacio mágico?

Lo mejor es que el espacio mágico esté en una zona privada de la casa, como en un rincón de tu habitación. Aunque voy a contarte cómo se suelen colocar las herramientas, puedes ponerlas como más te guste. También puedes decorar el espacio mágico con elementos que tengan un significado especial para ti o adornarlo según el paso de las estaciones (te cuento cómo hacerlo en el capítulo 7). Se trata de un espacio donde realizarás tus rituales, por lo que es importante que hagas limpiezas energéticas periódicas (tienes información de cómo hacerlo en el capítulo 5). La protección en los rituales es simplemente para que no intervengan energías no deseadas y que salga todo bien para ti, no hay que tener miedo en este sentido. Hay muchas formas de proteger un ritual, en las páginas 22-25 te dejo varias ideas. Puedes hacer el método que más resuene contigo, el que más te llame.

## Disponer el espacio mágico

La primera vez que coloques el altar, cuando esté todo en su sitio, puedes también hacer uno de estos pequeños rituales de protección, situarte en frente de él y pensar o decir en voz alta:

«Este espacio es sagrado para mí, lo dedico a mí misma y a honrar a mi intuición y fuerza interior en compañía de la naturaleza y los elementos que vaya descubriendo en mi práctica mágica».

Acto seguido realizas uno de los ritualitos de protección de las páginas siguientes para consagrar el espacio. Y ya estaría listo.

Puedes añadir o quitar elementos a tu gusto, pero es importante que sea un espacio fijo de la habitación elegida y que no lo utilices para otros fines. Así consigues que la energía sea cada vez más potente y te sientes más conectada con él.

## Intencionar y activar los elementos de tu espacio mágico

Recuerda que cada elemento que integres en tu altar debes limpiarlo energéticamente (te enseño cómo hacerlo en la página 66), activarlo e intencionarlo.

Para ello, debes sostener el objeto (sea un tarot, una piedra o una vela) y, después de limpiarlo, poner toda tu intención mientras lo tocas para transmitirle tu energía, y esto te ayudará a conseguir el propósito que desees.

## Disposición más usual del espacio mágico

Recuerda que puedes colocar las cosas como más te guste.

Yo suelo poner en el centro una carta de mi tarot que representa la energía del día que quiero conseguir, o la parte de mí misma que quiero trabajar. Te dejo el esquema de mi altar básico (luego me gusta improvisar y añadir elementos con los que conecto) y el esquema del altar tradicional de la *wicca*, aunque es más complejo.

Algunas herramientas de las que aparecen en el dibujo puedes no saber lo que son. No te preocupes, que en las siguientes páginas te las explico. No es necesario que las tengas todas, puedes ir adquiriendo las que creas que te harán falta.

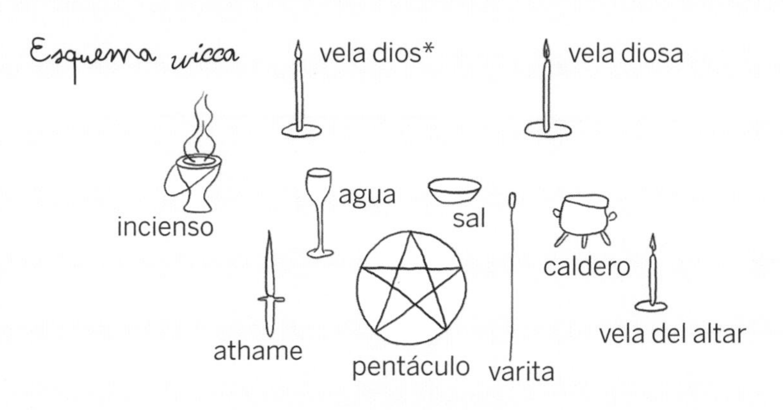

* El dios y la diosa en la *wicca* simbolizan las energías femeninas y masculinas del universo; en mi caso, al no ser *wicca*, no las tengo en mi espacio mágico.

# MANERAS DE PROTEGER EL ESPACIO MÁGICO

## Con un símbolo de protección o amuleto

Disponer o dibujar un símbolo de protección en lo alto del espacio mágico es una de las formas más sencillas de protegerlo.

Tienes información detallada sobre amuletos en el capítulo 10, pero antes debes conocer los símbolos más comunes en la magia. Todos ellos tienen su significado y todos sirven además como elemento protector.

Para activar el símbolo protector, al dibujarlo piensa en su función o, si es un objeto, piensa en la intención cuando lo sostengas en las manos. También puedes cargarlo a la luz de la luna. En el capítulo 5 tienes más información sobre cargar herramientas con la energía lunar.

### El pentagrama

El pentagrama, además de ser uno de los símbolos más reconocidos asociados a las brujas, simboliza la unión de todos los elementos: tierra, agua, aire y fuego.

### El trisquel

Simboliza el equilibrio entre el cuerpo, la mente y el espíritu y el proceso del eterno aprendizaje.

### La triqueta

La triqueta es un símbolo celta que representa el poder femenino. Cada parte simboliza una edad diferente de la mujer: joven, madura y anciana. Es uno de mis símbolos favoritos; representa que unidas somos más fuertes y que cada edad tiene sus virtudes. También se relaciona con Hécate, diosa griega de la magia, que se suele representar con esa triple faceta femenina. A la derecha puedes ver mi interpretación de esta unión de edades femeninas.

## Con un símbolo de protección o amuleto (continuación)

### Las tres lunas

Representa el ciclo lunar, el ciclo menstrual y también, al igual que la triqueta, las edades de la mujer, simbolizadas en esta ocasión como una luna creciente, una luna llena y una menguante.

### La espiral

Simboliza el viaje de autoconocimiento infinito, la creación, la autorrealización y el crecimiento.

### El trisquelion

Tiene un significado parecido a la triqueta, pero incorpora el concepto de equilibrio. Si no hay equilibrio entre nuestras tres partes (mente, cuerpo y espíritu) no se puede alcanzar un equilibrio global.

### Sigilos

Un sigilo es un símbolo que nosotras mismas creamos. Puedes crear el sigilo con el objetivo que quieras, este es uno de los procedimientos. Te pongo el ejemplo de uno de protección.

1. Escribe la intención del sigilo.

MI ESPACIO ESTÁ PROTEGIDO

2. Selecciona las consonantes.

MSPCSTPRTGD

3. Ponte creativa y elabora un dibujo a partir de las consonantes.

## Trazando un círculo de protección

El círculo de protección es un círculo imaginario que se traza a la hora de realizar un ritual. Se puede hacer con la punta del dedo índice de la mano dominante, con una varita o con un athame, también con un cuarzo. Consiste en visualizar cómo una energía protectora va cerrando un perímetro seguro mientras haces el gesto de trazar un círculo cuando realizas el ritual.

Una vez finalizado el ritual, se puede abrir el círculo visualizándolo. También se puede englobar en el círculo el espacio mágico y a una misma, procurando no traspasar el círculo de protección durante el ritual para no romperlo.

## Poniendo un recipiente con sal consagrada

Para ver cómo realizar sal de protección específica lee el capítulo 10. Activar sal marina también puede servir para este fin. Sitúa un cuenquito con sal blanca o sal negra (p. 184) en tu espacio mágico para mantenerlo protegido.

También puedes elaborar un espray con esta sal y agua de luna (p. 186) y espolvorearla sobre tu altar cuando lo sientas necesario.

## Trazando un círculo de sal

El círculo de sal sirve también para proteger un ritual, y consiste en rodear literalmente la vela o ritual con sal consagrada. Hay muchos rituales para los que no es necesario; para mí es un sistema muy eficaz, pero no es mi favorito.

## Encendiendo una vela específica de protección

Es uno de mis métodos favoritos. Puedes usar cualquier vela negra intencionada, también una blanca, o elaborar una vela propia de protección. Te enseño a elaborarla en el apartado sobre velas de este capítulo.

También existen inciensos, piedras y sahúmos específicos de protección que cumplirán esta función dispuestos en nuestro espacio.

# GRIMORIO

Un grimorio es un cuaderno donde registrar tu aprendizaje mágico. Preferiblemente, debe ser un cuaderno bonito para que lo guardes como algo valioso, y que tenga un buen papel, resistente al paso del tiempo. En él puedes apuntar los rituales que hagas, tu aprendizaje sobre astrología y tarot y todos los temas mágicos que quieras registrar. Este libro recoge, en parte, los conocimientos mágicos de mi grimorio, editados como una guía práctica para ti.

Un libro de sombras es similar, pero de carácter privado.

Algunos temas que apuntar en tu grimorio:

- tarot,
- astrología,
- significado de los colores de las velas,
- diario de sueños,
- propiedades de distintas plantas,
- rituales.

Es recomendable tener un calendario o agenda astrológica para registrar los tránsitos más importantes y tener accesible la información necesaria para realizar rituales y manifestar en el momento adecuado. También es aconsejable tener una idea del clima astrológico y apuntar las fases de la luna.

# VARITA MÁGICA
## (o varita de poder)

Aunque suene un poco a Harry Potter, realmente es una herramienta que te ayuda a canalizar la energía para, por ejemplo, trazar círculos de protección. Puedes fabricártela tú misma o comprársela a un artesano.

### ¿Cómo fabricar tu varita mágica?

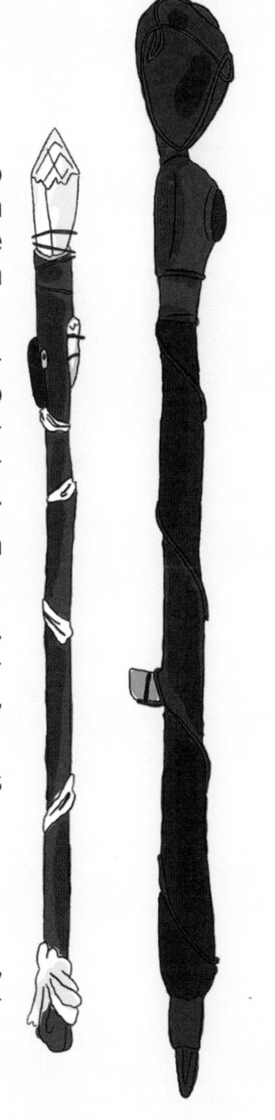

Necesitarás:

- Una rama caída de un árbol. Sal a dar un paseo por el campo o por un jardín y, cuando veas una rama de entre 10 y 28 cm aproximadamente que te llame, pide permiso a la naturaleza para usarla.
- Un cuarzo pequeño para la punta. Elige el cuarzo que más resuene contigo. Puede ser un cuarzo rosa, una amatista, una selenita..., lo que prefieras. Más adelante, en este libro, puedes ver el significado de cada piedra por si te ayuda a decidir.
- Hilo natural o alambre para atar la piedra a la punta.
- Un cuchillo o athame, o bien pinturas (opcional). Puedes decorar tu varita como más te guste, grabando tu nombre, tu signo del zodíaco, sigilos..., lo que prefieras.
- Plumas, plantas y otros elementos decorativos (opcional).

PROCEDIMIENTO

Adorna tu varita como más te guste. Actívala, conságrala y cárgala como cualquier nueva herramienta.

# ATHAME

Un athame es una daga ceremonial, una especie de cuchillo que se usa con objetivos mágicos.

El uso principal es grabar velas, es decir, escribir en la cera de las velas las palabras o símbolos necesarios para efectuar el ritual.

Suelen venderlos en tiendas específicas, puedes usar un alfiler para grabar las velas si no tienes un athame. Mis favoritos son los de resina epoxi con flores naturales.

# CALDERO (o incensario)

Un caldero es uno de los elementos más característicos de la estética brujil. Sirve para quemar hierbas e inciensos. Si no encaja con tu estética puedes tener un quemainciensos u otro recipiente a prueba de calor: un portainciensos tradicional para las varillas es una buena inversión.

# MORTERO

Un mortero para realizar diferentes recetas mágicas. Sirve para mezclar hierbas y otros elementos, pero también para hacer cascarilla y otras recetas mágicas que veremos más adelante.

# PORTAVELAS Y PLATOS

Puedes elegir los portavelas que prefieras para tus velas, pero algo indispensable es un plato blanco donde realizar tus rituales. Puede ser uno de postre común, pero dedicado solo a ese uso.

## CERILLAS

Aunque se puede encender la vela con un mechero, lo ideal es hacerlo con cerillas o con la mecha de otra vela, por respeto al elemento fuego y también por tradición.

Yo siempre intento tener cerillas en mi espacio mágico.

## FRASCOS, TARRITOS Y BOTELLAS

Para hacer aguas, hechizos y guardar diferentes compuestos más adelante. En general es mejor que sean transparentes y de vidrio, aunque también conviene tener alguno de vidrio opaco.

## REPISAS Y ESTANTES

Aunque la disposición del altar es totalmente libre, existen artesanos que fabrican repisas y estantes específicos para el espacio mágico.

Lo ideal es que sean de madera reciclada o ecológica.

También puedes fabricarlo tú misma.

A mí me ayuda a visualizar y acompañar mi carta del día.

# VELAS

## Colores de las velas y su significado

### BLANCO
Se podría decir que es el color comodín, es apropiado para cualquier ritual; si te falta un color específico y no lo tienes, usa una vela blanca. Se relaciona con la pureza, inocencia, optimismo, limpieza.

### AZUL
Transmutación, lealtad, transformación, progresos.

### VERDE
Abundancia, economía, dinero, esperanza, fortuna, estabilidad.

### NARANJA
Paz, emprendimiento, alegría.

### AMARILLO
Innovación, comunicación, creatividad.

### NEGRO
Limpieza energética, volteos, protección contra las malas energías.

### ROJO
Fuerza, valor, activación, pasión, amor, sexo.

### ROSA
Endulzamiento, amor romántico, dulzura, amistad, delicadeza.

### MARRÓN
Consolidación de proyectos, trabajo, estabilidad.

### DORADO
Éxito, economía, abundancia, prosperidad.

### MORADO
Espiritualidad, adivinación, serenidad mental. Se suele encender una vela morada al leer el tarot.

## Tipos de vela según su forma

### VELA NORMAL

Las velas normales se utilizan para realizar rituales. Es mejor que sean de cera de abeja ecológica o de cera de soja no transgénica. Puedes comprarlas hechas o hacerlas tú misma con mechas de algodón ecológico y ceras.

Duración: 1 h 30 min-2 horas.

### VELA PEQUEÑA

Las velas pequeñas tienen la misma función que las normales. Podemos usarlas en rituales más cortos o cuando tenemos poco tiempo.

Duración: 20-40 minutos.

### VELA DE TÉ

Las velas de té son pequeñas velas que vienen en un recipiente de aluminio desechable. Son de corta duración y muy económicas.

Duración: 30 min-1 hora.

### VELA DE MIEL

Las velas de miel son velas de panal de abeja. Puedes fabricarla comprando placas, pero también hay artesanos que las hacen. Sirven para rituales de endulzamiento, pero también para algo que yo hago sin falta dos veces al mes: los días 11 y 22 enciende tu vela de miel y espera que el universo traiga para ti todo lo bueno que mereces, medita sobre ello y enciende tu vela. El 11 y el 22 son números maestros de mucha energía.

Duración: 20 min-1 hora (depende del tamaño).

## VELÓN NORMAL

Los velones suelen utilizarse para rituales más complejos y largos. Los venden en tiendas esotéricas, pero también puedes fabricarlos tú misma con un molde y en él añadir, además, diversas plantas o aceites esenciales. Es importante no dejar las velas sin vigilancia; los velones tardan varios días en consumirse.

Duración: 12-72 horas.

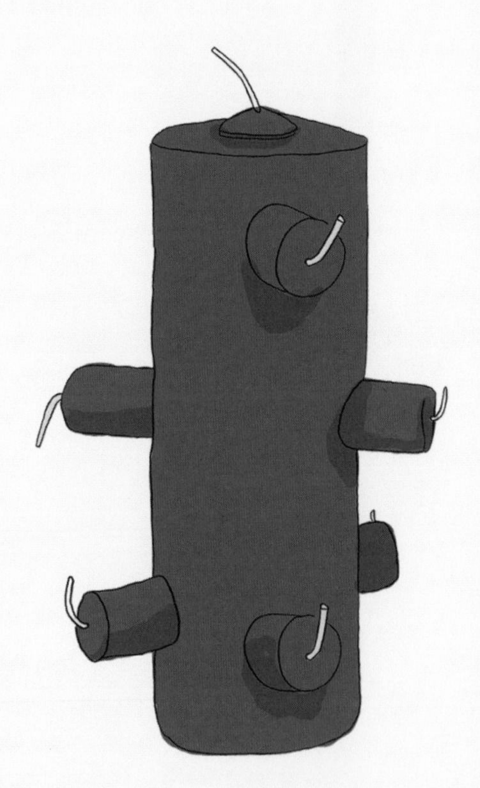

## VELÓN 7 MECHAS

Es un velón muy potente, se encienden las mechas desde la base hasta la cima. Suelen usarse en rituales de limpieza o tumbatrabajos, si, por ejemplo, alguien te ha echado un mal de ojo.

Suelen prender con mucha energía y la interpretación de los restos que quedan es importante.

Duración: 1-20 horas (varía mucho).

*Para elegir el momento más adecuado para encender una vela, consulta la página 124.

## VELAS EN BOTES:
### haz tu propia vela con elementos naturales

Esta es una de mis velas favoritas, ya que puedes adaptarla a tus necesidades. La idea es hacerlas con cera de abeja natural o de soja no transgénica. Es mejor usar mechas de madera, y puedes comprar un recipiente con la forma que más te guste o reutilizar un envase de vidrio.

Al fundir la cera, puedes incorporar especias, aceites esenciales o incluso purpurina.

Para decorar puedes añadir piedras, plantas secas, canela y otros elementos para potenciar la intención de la vela.

Para elegir los elementos que potencien la intención de la vela, puedes consultar las páginas 70-77, sobre los tipos de piedras, y las páginas 40-59, sobre las especies de plantas y flores y su significado.

Son velas totalmente personalizables y, a diferencia de las anteriores, puedes apagarlas cuando quieras (siempre con los dedos o un apagavelas) y encenderlas puntualmente.

En el caso de los rituales, es mejor no interrumpirlas y esperar a que las velas se apaguen por sí solas. Nunca dejes una vela sin vigilar.

### CÓMO VESTIR UNA VELA

Para vestir una vela, deberás disponer las diferentes hierbas y aceites esenciales en un soporte plano, calentar ligeramente la vela con la llama de otra vela y hacerla rodar sobre ellos.

## Interpretar cómo arde una vela

Según cómo arde una vela podemos sacar conclusiones sobre cómo está fluyendo la energía del ritual:

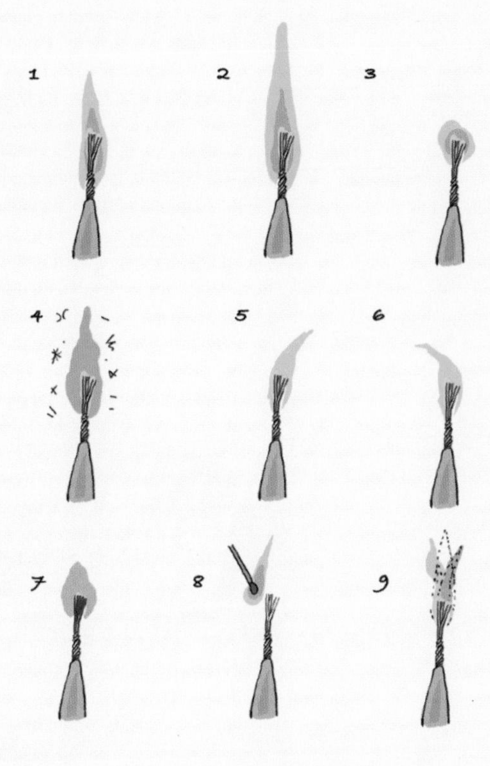


1. Flama media: el ritual transcurre de manera favorable, no hay energías externas.
2. Flama muy alta: el ritual tendrá éxito, pero debemos ser pacientes.
3. Flama débil: la intención no está clara, tienes dudas o no confías en tu capacidad de realizar el ritual con éxito.
4. Ruidos y chispas al arder: hay energías o entes interviniendo en el ritual. No tienen por qué ser negativas.
5. Movimiento hacia la derecha: los resultados pueden venir antes de lo esperado, energías externas pueden estar afectando al ritual.
6. Movimiento hacia la izquierda: energías del pasado pueden estar interviniendo en el ritual.
7. Flama que se apaga: la intención no está clara.
8. Flama que cuesta prender: deberás realizar una limpieza energética o puede no ser el momento adecuado.
9. Flama que se mueve y oscila: energías extrañas al ritual pueden estar interviniendo o tu intención no está clara.

## Interpretar los restos de cera

Según los restos de cera de la vela que queden podemos interpretar cómo ha transcurrido el ritual y qué energía ha estado presente.

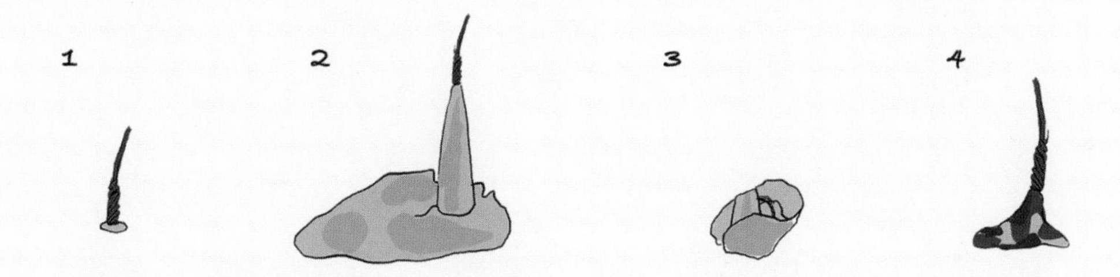


1. La vela se ha consumido completamente: el ritual ha sido un éxito.
2. No se consumió por completo porque se apagó: puede que los resultados lleguen, pero se presentarán dificultades.
3. La cera ahogó la vela hacia dentro: puede que el ritual no haya funcionado o puedes estar demasiado ansiosa y querer ver resultados demasiado rápido.
4. Se produjo mucho hollín y los restos quedaron muy oscuros: puede que el ambiente esté cargado energéticamente, te recomiendo hacer una limpieza.

La velomancia, la disciplina que estudia el significado adivinatorio de los restos de las velas, tiene en cuenta las formas aparentes que produce la cera. Para verlas, debes dejarte llevar por tu intuición y no racionalizar demasiado estas formas, apunta lo primero que veas sin darle muchas más vueltas. Debes también prestar atención a tu sentir. Si una forma no te gusta o no te genera buenas sensaciones, fíate de ti misma. Si, por el contrario, te parece que el ritual ha fluido bien y todo ha funcionado, fíate de tu criterio.

A continuación te dejo una lista con algunas de las formas más frecuentes de los restos de cera de las velas.

Algunas de las interpretaciones más comunes de los restos de cera de una vela son las siguientes (pero recuerda hacer caso a tu intuición ante todo).

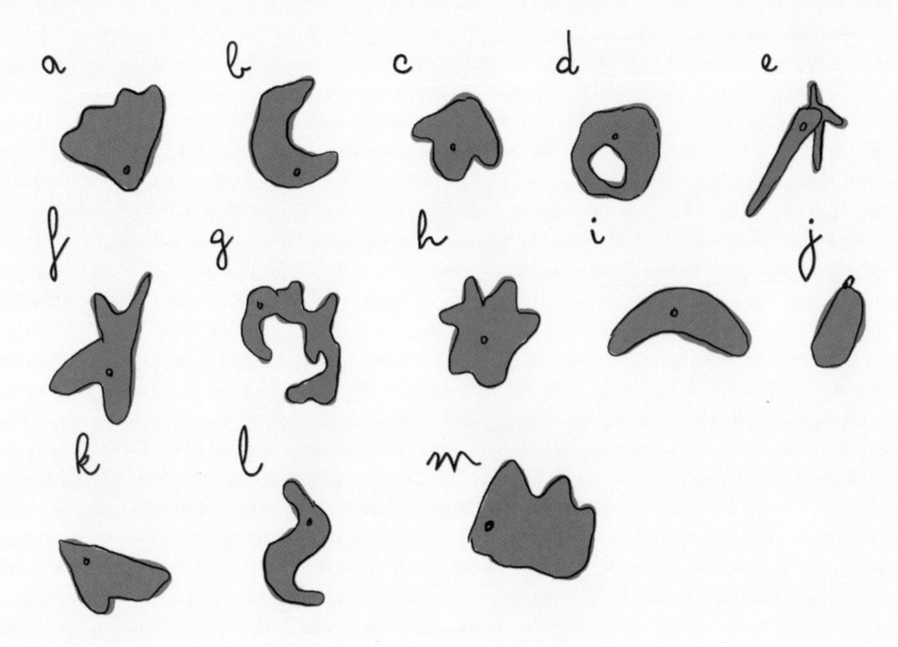


a. Abanico: posibilidades y sorpresas.

b. Luna: preocupaciones, problemas en el bienestar.

c. Abeja: suerte, buenos comienzos.

d. Anillo: buena economía, compromisos.

e. Aguja: peligros.

f. Tijeras: separaciones, rupturas, mal de amores.

g. Cadenas: unión duradera.

h. Sol o estrella: buena suerte.

i. Puente: es el momento de comenzar o arriesgarse.

j. Vela: conexión con nuestra parte espiritual.

k. Avión: viaje, cambio de etapa, sorpresa.

l. Serpiente: posible traición o decepción.

m. Montañas: obstáculos, pero también fuerza.

# 4
# HERBARIO

## El uso de las plantas en la magia

Cómo tener tu propio huerto mágico.
Cómo usar las plantas.
Especies botánicas y su uso en la magia.
Sahúmos.
Aceites esenciales.

# HERBARIO

*Cómo tener tu propio huerto mágico*

Es importante que establezcas una relación con tus hierbas y plantas para que tus rituales tengan mayor fuerza, aunque no dispongas de un terreno o terraza donde cultivarlas.

Lo ideal es que tengas tus plantas favoritas y las riegues, las cuides y establezcas una conexión. ¿Has oído alguna vez que si hablas a las plantas crecen mejor y más fuertes? En la magia es importante precisamente mimarlas, y pedirles permiso a ellas y a la naturaleza para hacer uso de ellas y trabajar juntas. Puedes usarlas frescas o secas. A continuación voy a explicarte los pasos que debes seguir para secarlas.

Si no tienes un espacio donde puedas cultivar y cuidar tus propias plantas, puedes adquirirlas ya secas en un herbolario y ritualizarlas para dotarlas de tu energía.

Para secar las plantas lo primero que tienes que hacer es pedirle permiso a la planta para poder cortarla. Después debes quitar el agua que pueda tener con un papel o tela; luego atarla por el tallo con una rama natural y colgarla «boca abajo» en un lugar seco. Dependiendo del tipo de planta tardará más o menos, es cuestión de observarlas. Una vez secas, las puedes guardar en botes de cristal y etiquetarlas o molerlas con tu mortero para usarlas como inciensos, en sales de baños o velas.

## Cómo usar las hierbas

### Para decorar tu espacio mágico según la estación

Puedes usarlas como decoración, tanto secas como frescas, para tu altar o espacio mágico. En el capítulo 7 puedes ver las diferentes correspondencias, es decir, qué plantas y otros elementos se asocian a cada festividad mágica y, por tanto, a cada época del año.

### Como incienso

Aunque está bien tener las clásicas varillas de incienso o conos, también puedes usar las plantas secas quemándolas en un quemador de inciensos o en tu caldero. Para ello necesitarás un carbón de quemar, cerillas y un espacio ventilado. No uses hierbas frescas para esto, deben estar secas, y las puedes moler en un mortero o prenderlas directamente (recuerda que es mejor usar cerillas).

### Como tés o infusiones

Deberás comprobar que la planta que vas a infusionar no es tóxica, o comprar directamente las infusiones en lugares especializados. Al final del capítulo podrás encontrar los diferentes tipos de té, y cómo ritualizar tu té o café de la mañana dándole intención.

### Como sales de baño

En el capítulo 10 puedes encontrar una variedad de tipos de sales de baño, para rituales de diferentes intenciones, y todas ellas llevan plantas. Mis favoritas son las sales de Afrodita, para atraer el amor y la autoestima; las puedes encontrar en la página 190.

### Como sahúmo

Los sahúmos o atados de hierbas son atadillos de plantas que sirven para diferentes intenciones. Puedes hacerlos tú misma atando las hierbas frescas en vez de colgarlas, o comprarlos ya hechos. Al final de este capítulo puedes encontrar un resumen de los más comunes. También se pueden usar diferentes tipos de plantas o ramas como el palo santo, la canela o el sándalo. A continuación te explicaré cómo.

### Como aceite esencial o tintura

Al final del capítulo encontrarás un resumen sobre cómo incorporarlos a tu práctica. En este caso los compro ya elaborados en tiendas ecológicas.

# LAUREL

(*Laurus nobilis*)

GÉNERO: Masculino
ELEMENTO: Fuego
PLANETA: Sol
ORIGEN: Mediterráneo

PROPIEDADES MEDICINALES
Indigestión, migrañas, gases, catarros.

CURIOSIDADES
En mi casa, la hoja de laurel del guiso se pone en el plato de la soltera para que encuentre novio (es una tradición).

Simboliza el éxito, por eso a los vencedores y a los emperadores se los coronaba con laurel en la antigua Roma. De ahí viene la palabra «laurear».

PROPIEDADES ESOTÉRICAS
Desde la Antigüedad se considera protector y purificador. Se usa contra las energías negativas; en rituales de protección es una muy buena alternativa al palo santo o a la salvia blanca, si procedemos del Mediterráneo.

Se relaciona también con la buena fortuna, la suerte y el éxito, por lo que también se utiliza en rituales relacionados con estos temas.

Como amuleto, se suele poner en las puertas de las casas para proteger el hogar.

RITUALES SENCILLOS CON LAUREL
En luna nueva, escribe con tinta dorada en una hoja de laurel un deseo sencillo (tranquilidad, amor, inspiración...) y quémala pidiendo a la luna que tu deseo se cumpla.

Pon una hoja de laurel debajo de tu almohada para ayudar a despertar tus habilidades psíquicas.

Quema una hoja de laurel para limpiar energéticamente tu hogar y tira las cenizas por la ventana.

# ROMERO

(*Salvia rosmarinus*)

GÉNERO: Masculino
ELEMENTO: Fuego
PLANETA: Sol, Venus
ORIGEN: Mediterráneo

PROPIEDADES MEDICINALES
Memoria, sueño, dolores musculares.

CURIOSIDADES
En la antigua Grecia los estudiantes se ponían ramas de romero en la cabeza para estimular la memoria.

PROPIEDADES ESOTÉRICAS
El romero se relaciona con la protección, la suerte en el amor, la amistad y la fidelidad, por lo que, normalmente, se utiliza en rituales que tratan estos temas.

# AMAPOLA

(*Papaver rhoeas*)

GÉNERO: Femenino
ELEMENTO: Agua
PLANETA: Luna
ORIGEN: Eurasia, norte de África

PROPIEDADES ESOTÉRICAS
La amapola se usa para temas esotéricos relacionados con la luna: amor, sueño, espiritualidad, fertilidad.

Algunas deidades asociadas con la amapola son Deméter, Afrodita, Selene o Nyx.

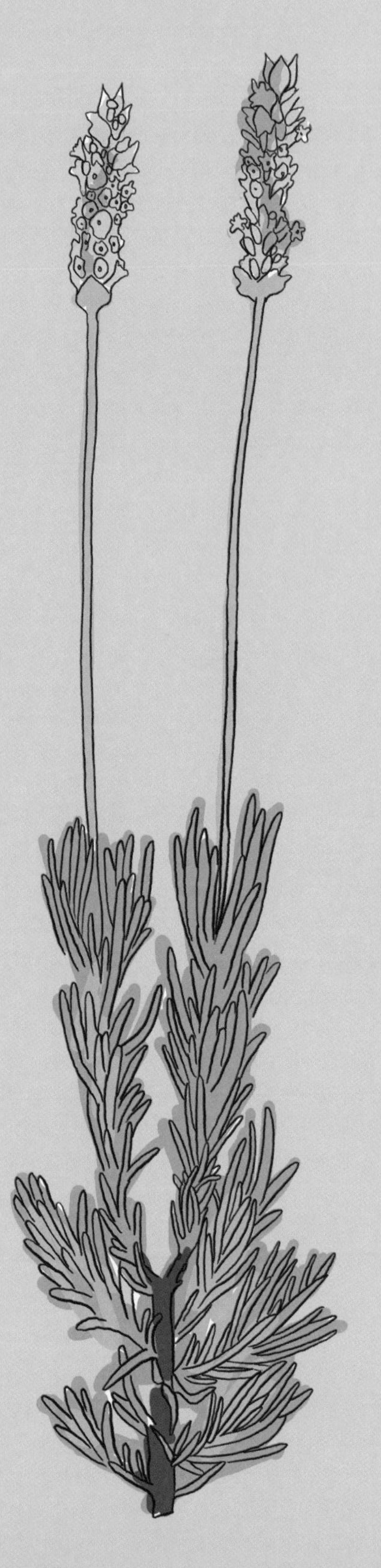

# LAVANDA

(*Lavandula angustifolia*)

GÉNERO: Masculino
ELEMENTO: Aire
PLANETA: Mercurio
ORIGEN: Europa

PROPIEDADES MEDICINALES
Analgésico, antibacteriano, antiséptico.

PROPIEDADES ESOTÉRICAS
En el esoterismo, se relaciona con lo afrodisiaco, el sexo, el amor, la armonía, la felicidad, la virilidad, la paz y los secretos, por lo que se empleará en rituales con esta temática.

Uno de mis usos favoritos es preparar lavanda con sal para un baño relajante. Esta combinación, que veremos más adelante, sirve para romper bloqueos y limpiar. Se usa en rituales para aumentar la autoestima.

En el capítulo 10 dedico una receta de sal de baño para este fin que contiene lavanda. Se trata de una planta muy polivalente que, muchas veces, puede sustituir a otras más difíciles de encontrar en muchos rituales.

Un uso muy común es guardar una bolsa blanca con lavanda seca debajo de la almohada para conciliar el sueño y atraer las energías positivas. Además es un buen protector y endulzador en situaciones amorosas; más adelante lo veremos en los rituales de amor.

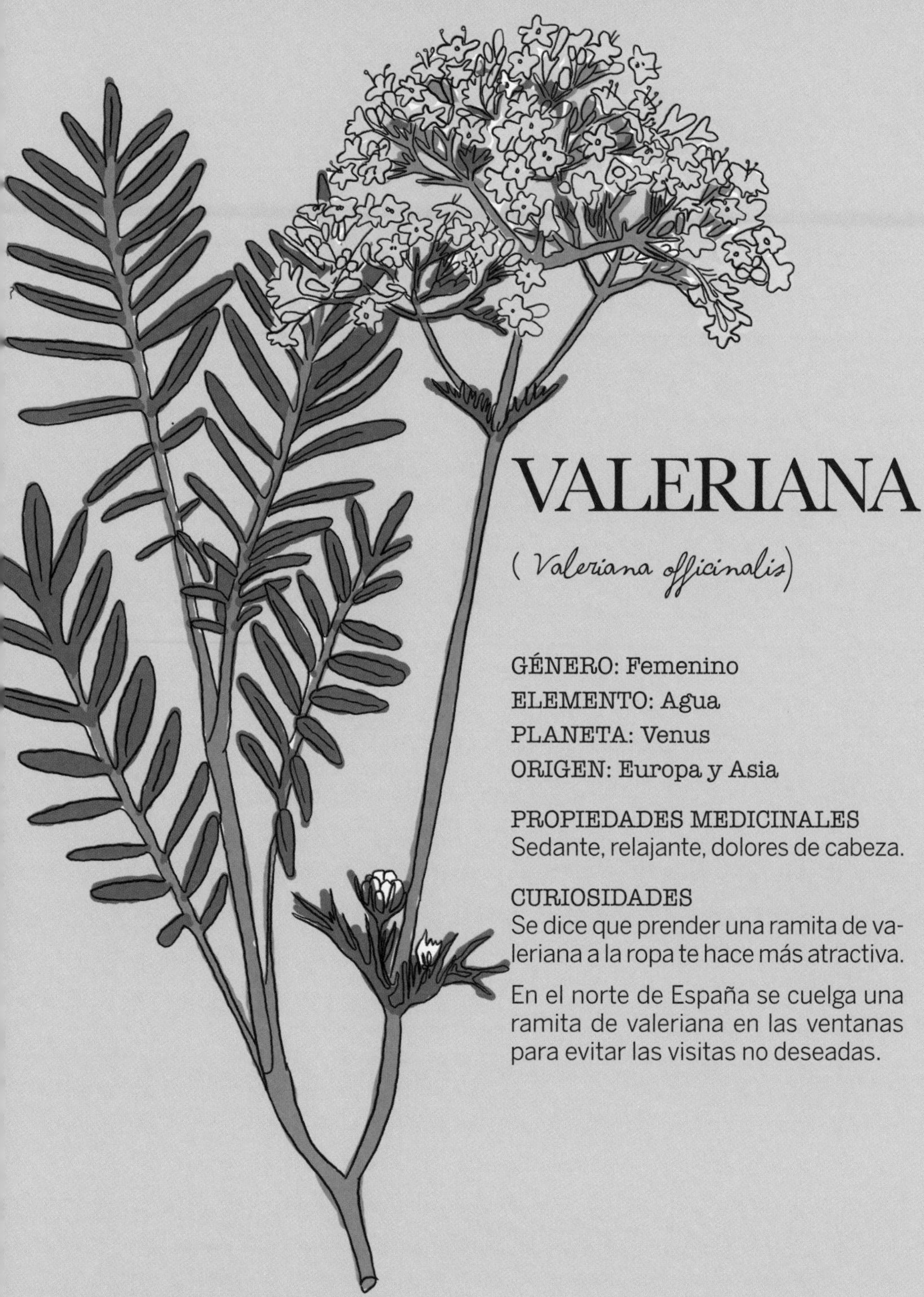

# VALERIANA

*(Valeriana officinalis)*

GÉNERO: Femenino
ELEMENTO: Agua
PLANETA: Venus
ORIGEN: Europa y Asia

PROPIEDADES MEDICINALES
Sedante, relajante, dolores de cabeza.

CURIOSIDADES
Se dice que prender una ramita de valeriana a la ropa te hace más atractiva.

En el norte de España se cuelga una ramita de valeriana en las ventanas para evitar las visitas no deseadas.

PROPIEDADES ESOTÉRICAS
La valeriana se usa en rituales de belleza, pero también en rituales relacionados con la protección.

Mi uso favorito de esta planta está conectado con la belleza propia. Al estar relacionada con Venus y la diosa Afrodita, la valeriana tiene un uso muy importante en los rituales relacionados con la imagen personal, con sentirnos cómodas y felices con nosotras mismas.

# SALVIA BLANCA

(*Salvia apiana*)

GÉNERO: Masculino
ELEMENTO: Aire
PLANETA: Júpiter
ORIGEN: América

PROPIEDADES MEDICINALES
Calmante, relajante; muy utilizada en la medicina natural en todo el mundo.

PROPIEDADES ESOTÉRICAS
La salvia blanca, y en concreto los atados o sahúmos de salvia blanca, es una de las plantas más usadas para hacer limpiezas y otros rituales en muchas culturas.

En algunas regiones de América se considera una planta sagrada, por eso existe cierta polémica sobre si es o no apropiación cultural utilizar esta planta en nuestra práctica, al igual que sucede con el palo santo.

Existen otras variedades de salvia que sí se dan en Europa, y además hay otras plantas de origen europeo que también desempeñan esta función de limpieza, como son el romero o el laurel. Para elegir, conviene escuchar la opinión de personas indígenas al respecto y hacerlo de manera consciente.

Veremos cómo hacer atados de hierbas más adelante, en las pp. 62-63.

RITUAL
Un ritual sencillo con salvia blanca es escribir en un papel o hacer un dibujo de algo de lo que queremos desprendernos (por ejemplo, dudas, inseguridad) y quemar un poco de salvia cada noche para ver cómo nos vamos alejando de ello poco a poco.

# DIENTE DE LEÓN

( *Taraxacum officinale* )

GÉNERO: Femenino
ELEMENTO: Agua
PLANETA: Júpiter
ORIGEN: Europa y Asia

PROPIEDADES MEDICINALES
Diurético, presión vascular, fungicida y bactericida.

PROPIEDADES ESOTÉRICAS
Se relaciona con las hadas. Es costumbre pedir un deseo al soplar un diente de león. Se utiliza en rituales de suerte, amor y destino.

# CAMOMILA

( *Chamaemelum nobile* )

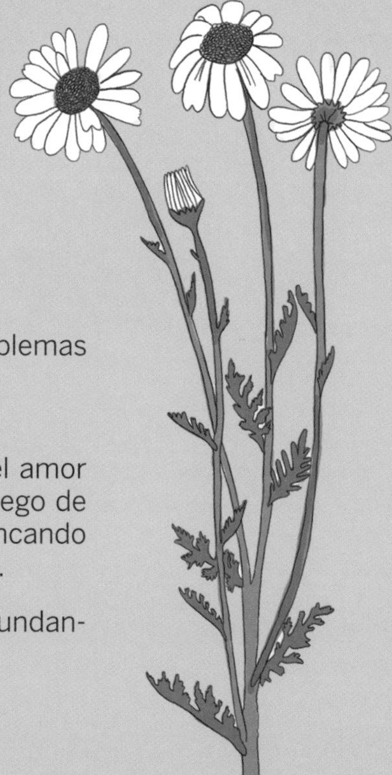

GÉNERO: Femenino
ELEMENTO: Agua
PLANETA: Sol
ORIGEN: Europa y América

PROPIEDADES MEDICINALES
Propiedades calmantes y relajantes, problemas estomacales.

PROPIEDADES ESOTÉRICAS
Se utiliza como oráculo para saber si el amor por alguien es correspondido. Con el juego de «me quiere, no me quiere...», se van arrancando los pétalos hasta quedarse solo con uno.

Se emplea en rituales para atraer la abundancia, el dinero o el amor.

# ANÍS ESTRELLADO

(*Illicium verum*)

GÉNERO: Masculino
ELEMENTO: Aire
PLANETA: Mercurio/Júpiter
ORIGEN: América

PROPIEDADES MEDICINALES
Estimulante, diurético, expectorante. Combate resfriados, gripes y congestión.

PROPIEDADES ESOTÉRICAS
El anís estrellado tiene varios usos, no obstante, mi favorito es el que lo relaciona con nuestra parte más espiritual: se dice que nos ayuda a conectar con otros planos de nuestra realidad.

También tiene, en relación con esto último, una conexión muy importante con la protección espiritual, impidiendo que energías no afines intervengan en nuestros rituales.

El fruto del anís (las estrellas marrones) se suele usar en rituales de protección y de proyección astral (estos últimos son muy complicados de realizar y no recomendables si estás empezando).

RITUAL
Coloca una estrella de anís estrellado en cada esquina de tu altar (simbolizando los cuatro elementos: aire, tierra, agua y fuego) para dar protección y fuerza a tus rituales.

Ritual de purificación, desarrollo espiritual y psíquico.

# ENEBRO

(*Juniperus communis*)

GÉNERO: Masculino

ELEMENTO: Fuego

PLANETA: Sol

ORIGEN: Europa, Norteamérica y Asia

PROPIEDADES MEDICINALES
Digestivo, balsámico, trata infecciones urinarias, bactericida y fungicida.

PROPIEDADES ESOTÉRICAS
Se suele usar en rituales de purificación, sobre todo en forma de aceite esencial. También puedes proteger tu altar con ramas o bayas de enebro.

# VAINILLA

(*Vanilla*)

GÉNERO: Femenino

ELEMENTO: Agua

PLANETA: Venus

ORIGEN: América

PROPIEDADES MEDICINALES
Fortalece el cabello, antiinflamatoria, previene el acné.

PROPIEDADES ESOTÉRICAS
Se suele utilizar en baños y rituales de abundancia y prosperidad, así como en rituales para endulzar una situación o relación.

En los hechizos de amor es un elemento muy frecuente, especialmente cuando se quiere atraer a una persona con energía masculina o yan.

# ROSA

(*Rosa*)

GÉNERO: Femenino
ELEMENTO: Agua
PLANETA: Venus
ORIGEN: Europa, Norteamérica y Asia

Existen muchos tipos de rosas. Para ver qué significado tiene cada color de estas flores puedes guiarte por los colores de las velas en la p. 30.

PROPIEDADES MEDICINALES
El agua de rosas y el aceite de rosa mosqueta son muy utilizados en cosmética para mejorar el aspecto de la piel, por tanto, en la vertiente medicinal se asocia con la belleza.

También suele usarse en remedios capilares para fortalecer el cabello y aportarle salud.

PROPIEDADES MÁGICAS
La rosa se asocia a la belleza y al amor en muchas culturas. Suelen utilizarse en rituales de amor, belleza y amor propio, tanto sus pétalos como su aceite esencial.

También se emplea en otro tipo de rituales, como los relacionados con tener paz mental y armonía, tranquilidad, compromiso y curación (para superar temas que nos hacen daño emocionalmente).

Es un elemento perfecto para decorar tu altar en primavera, como veremos más adelante.

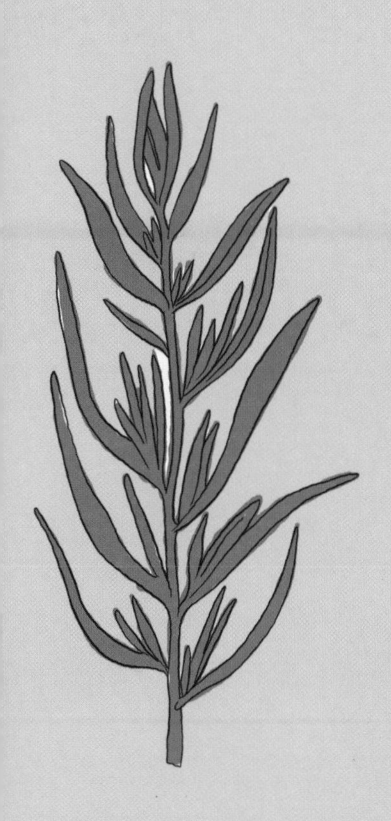

# ESTRAGÓN

(*Artemisia dracunculus*)

GÉNERO: Masculino

ELEMENTO: Fuego

PLANETA: Sol

ORIGEN: Europa, Escandinavia y América del Norte

PROPIEDADES MEDICINALES
Alivia problemas digestivos, menstruales, dolor de muelas y retención de liquidos.

PROPIEDADES ESOTÉRICAS
Se suele usar en rituales de atracción y manifestación.

# ALBAHACA

(*Ocimum basilicum*)

GÉNERO: Masculino

ELEMENTO: Fuego

PLANETA: Marte

ORIGEN: Asia

PROPIEDADES MEDICINALES
Ayuda en problemas gastrointestinales.

PROPIEDADES ESOTÉRICAS
La albahaca se suele utilizar en varios tipos de rituales: muchos relacionados con la fertilidad, la atracción sexual y la prosperidad económica.

También se emplea para conseguir el éxito en nuestros objetivos y fortalecer la fuerza de voluntad. Es muy recomendable utilizarla en rituales que tengan como fin conseguir un objetivo material o laboral.

# PIMIENTA

(*Piper*)

GÉNERO: Masculino
ELEMENTO: Fuego
PLANETA: Marte
ORIGEN: India

PROPIEDADES MEDICINALES
Propiedades antiinflamatorias, antisépticas y para problemas respiratorios.

PROPIEDADES ESOTÉRICAS
Aunque tiene varios usos, uno de los más populares es como acelerador o abrecaminos: desbloquear situaciones que están paradas o parece que no terminan de arrancar.

También tiene relación con el sexo y la atracción.

# PEREJIL

(*Petroselinum crispum*)

GÉNERO: Masculino
ELEMENTO: Tierra
PLANETA: Mercurio
ORIGEN: Italia

PROPIEDADES MEDICINALES
Dieurético, anticoagulante y previene la anemia.

PROPIEDADES ESOTÉRICAS
Fundamentalmente es un equilibrador de las energías, así como limpiador de espacios.

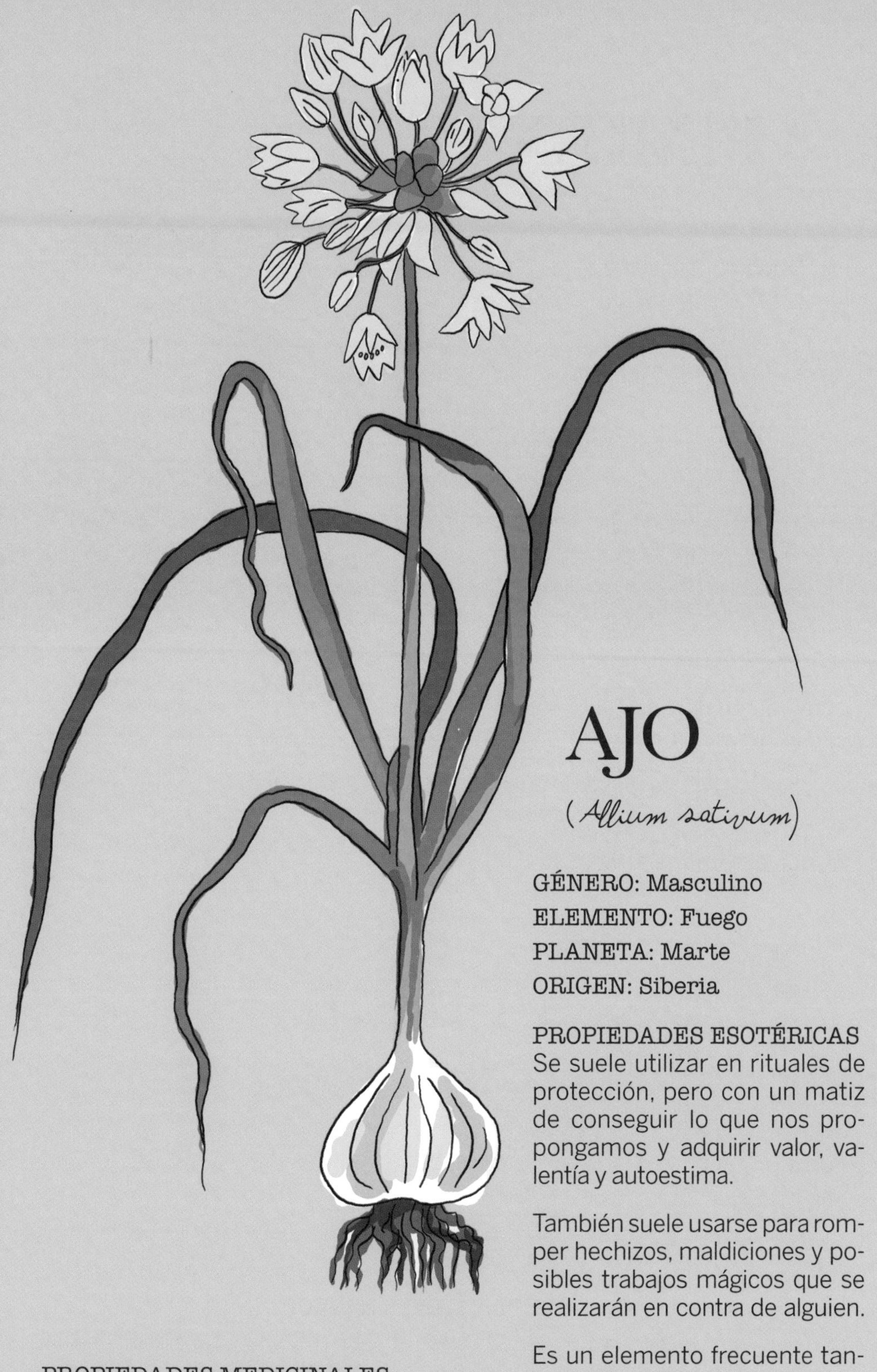

# AJO

*(Allium sativum)*

GÉNERO: Masculino
ELEMENTO: Fuego
PLANETA: Marte
ORIGEN: Siberia

PROPIEDADES ESOTÉRICAS
Se suele utilizar en rituales de protección, pero con un matiz de conseguir lo que nos propongamos y adquirir valor, valentía y autoestima.

También suele usarse para romper hechizos, maldiciones y posibles trabajos mágicos que se realizarán en contra de alguien.

Es un elemento frecuente tanto en la magia blanca como en la magia negra.

PROPIEDADES MEDICINALES
Es beneficiosoz para el colesterol, para los resfriados y el sistema inmunitario.

# MENTA

(*Mentha*)

GÉNERO: Femenino
ELEMENTO: Aire
PLANETA: Mercurio
ORIGEN: Asia Central

PROPIEDADES MEDICINALES
Propiedades antiinflamatorias, antisépticas y para problemas respiratorios.

PROPIEDADES ESOTÉRICAS
Sirve para la prosperidad y la protección, especialmente en viajes.

Echa aceite de menta en el umbral de tu casa para atraer la buena suerte.

Se relaciona con la diosa Hécate.

# FRESA

(*Fragaria*)

GÉNERO: Femenino
ELEMENTO: Tierra
PLANETA: Venus
ORIGEN: Escandinavia

PROPIEDADES MEDICINALES
Blanquea los dientes y es buena para ciertos tipos de piel.

PROPIEDADES ESOTÉRICAS
Suele relacionarse con el amor, rituales de amor propio y de atracción de una persona (especialmente de naturaleza masculina).

# FRAMBUESA

(*Rubus idaeus*)

GÉNERO: Femenino
ELEMENTO: Agua
PLANETA: Venus
ORIGEN: Europa

PROPIEDADES MEDICINALES
Antioxidantes, favorecen la salud de la piel.

PROPIEDADES ESOTÉRICAS
Las ramas de esta planta se cuelgan en las ventanas como elemento de protección.

Se relaciona con el amor, el parto y la maternidad. Se puede utilizar en rituales conectados directa o indirectamente con estos temas.

# CLAVO

(*Syzygium aromaticum*)

GÉNERO: Masculino
ELEMENTO: Tierra
PLANETA: Mercurio
ORIGEN: Italia

PROPIEDADES MEDICINALES
Antiséptico, estimulante, digestivo y desinfectante.

PROPIEDADES ESOTÉRICAS
Se relaciona con la protección, la purificación, el amor, la lujuria y la limpieza energética.

# PACHULI

(*Pogostemon cablin*)

GÉNERO: Femenino
ELEMENTO: Tierra
PLANETA: Saturno
ORIGEN: Indonesia

PROPIEDADES MEDICINALES
Antiséptico, afrodisiaco, astringente, desodorante.

PROPIEDADES ESOTÉRICAS
Se suele utilizar en rituales relacionados con la prosperidad económica: dinero, negocios, economía, abundancia.

También con la sensualidad y la protección, pero es menos frecuente.

# SÁNDALO

(*Santalum album*)

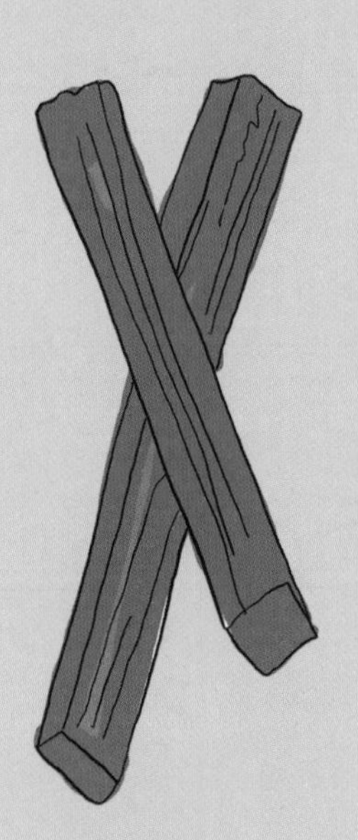

GÉNERO: Masculino
ELEMENTO: Tierra
PLANETA: Mercurio
ORIGEN: Asia

(He decidido dibujar la ramita tal como se comercializa para que puedas identificarla).

PROPIEDADES MEDICINALES
Salud y buen aspecto cutáneo, antiinflamatorio.

PROPIEDADES ESOTÉRICAS
Suele utilizarse en rituales de amor y también para atraer a seres de luz que nos ayuden en nuestros rituales.

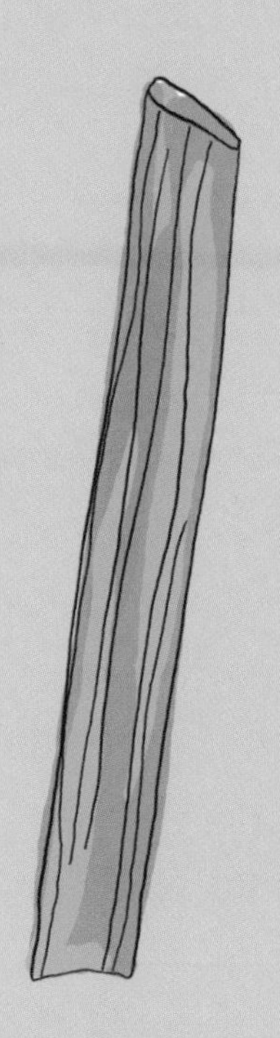

# PALO SANTO

(*Bursera graveolens*)

GÉNERO: Femenino
ELEMENTO: Tierra
PLANETA: Venus
ORIGEN: Asia

(He decidido dibujar la ramita tal como se comercializa para que puedas identificarla con mayor facilidad).

PROPIEDADES MEDICINALES
Depurativo y relajante.

PROPIEDADES ESOTÉRICAS
Es una de las plantas más populares del mundo mágico. Para algunos pueblos se trata de un árbol sagrado, por eso existe polémica en torno a la apropiación cultural.

En todo caso, el palo santo es uno de los elementos naturales más populares para sahumar y limpiar de malas energías un espacio, una herramienta de trabajo o a nosotros mismos. Recuerda abrir bien las ventanas antes de usarlo. Enciéndelo con la llama de una vela o cerilla y déjate embriagar por su olor, notarás su poderoso efecto en cuestión de segundos. También es habitual usarlo en virutas, como aceite esencial o en forma de varilla.

# INCIENSO

(*Incensum*)

GÉNERO: Masculino
ELEMENTO: Fuego
PLANETA: Sol
ORIGEN: Península arábiga y cuerno de África

PROPIEDADES MEDICINALES
Beneficioso para el asma y otras afecciones respiratorias.

PROPIEDADES ESOTÉRICAS
Acompaña el cumplimiento de deseos, atrae la suerte y las buenas energías. Se utiliza en rituales para atraer la abundancia y la fortuna en cualquier ámbito de la vida.

# CANELA

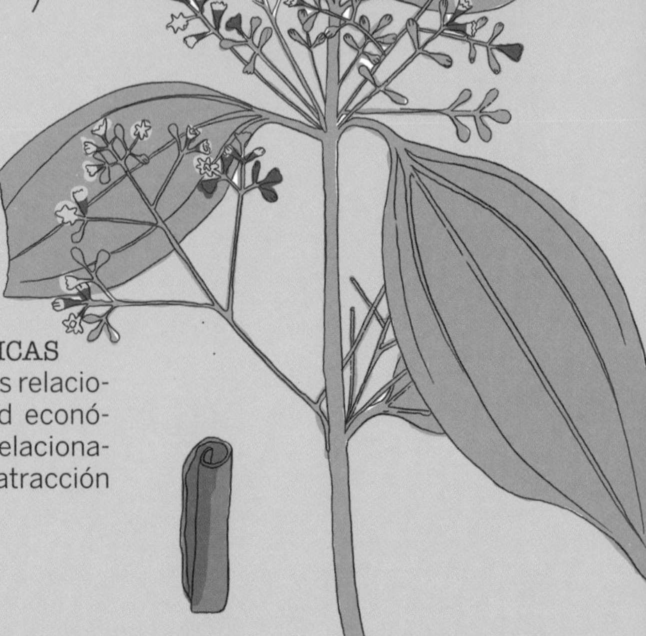

GÉNERO: Femenino

ELEMENTO: Tierra

PLANETA: Venus

ORIGEN: China y Ceilán

PROPIEDADES MEDICINALES
Antiséptico, afrodisiaco.

PROPIEDADES ESOTÉRICAS
Se suele utilizar en rituales relacionados con la prosperidad económica, pero, sobre todo, relacionados con el amor y la atracción amorosa y sexual.

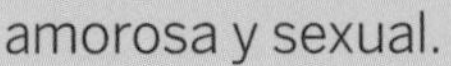

# AZÚCAR

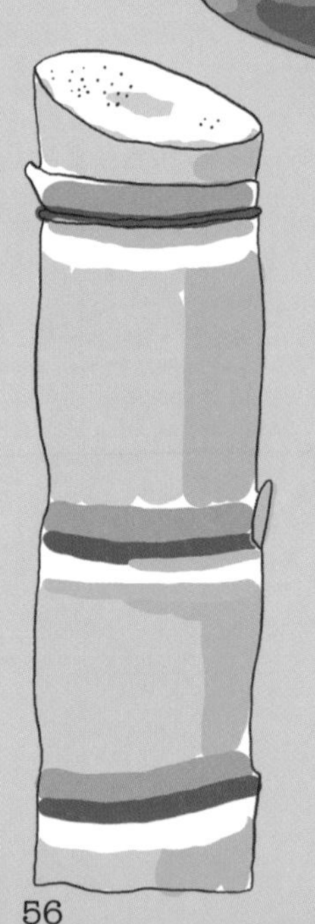

GÉNERO: Masculino

ELEMENTO: Tierra

PLANETA: Mercurio

ORIGEN: Nueva Guinea

PROPIEDADES MEDICINALES
Alivia el malestar y la ansiedad, favorece la asimilación de proteínas.

PROPIEDADES ESOTÉRICAS
Suele usarse en rituales de atracción, endulzamiento y amor. Es un buen sustitutivo vegano de la miel, que suele usarse con fines similares. Es muy habitual para vestir velas destinadas a endulzamientos y, en general, para endulzar situaciones difíciles.

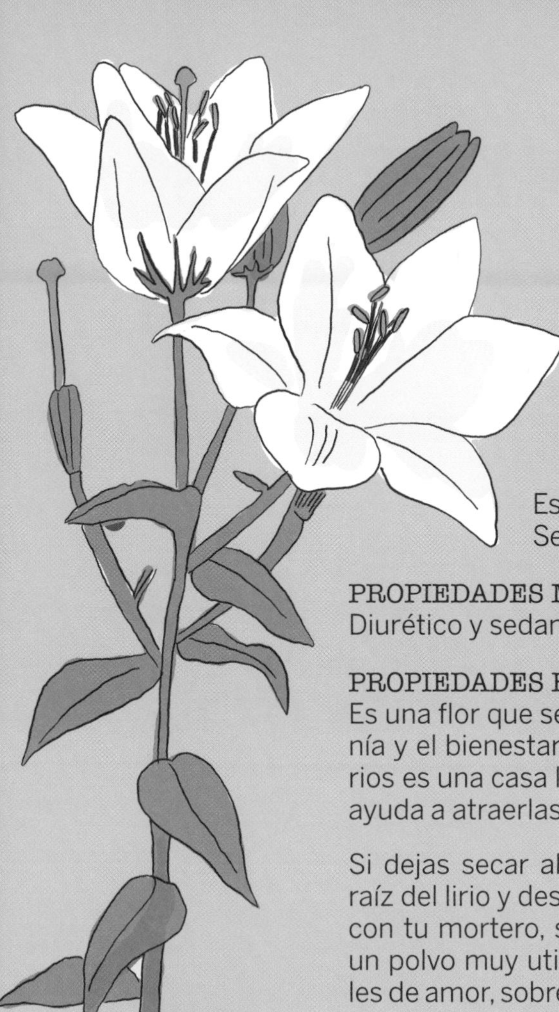

# LIRIO

(*Lilium*)

GÉNERO: Femenino
ELEMENTO: Tierra
PLANETA: Venus
ORIGEN: Eurasia

Es símbolo de poder, elegancia y pureza. Se relaciona con la monarquía francesa.

PROPIEDADES MEDICINALES
Diurético y sedante.

PROPIEDADES ESOTÉRICAS
Es una flor que se suele relacionar con la paz, la armonía y el bienestar. Se dice que la casa en la que hay lirios es una casa llena de estas cualidades o, al menos, ayuda a atraerlas.

Si dejas secar al sol un mes la raíz del lirio y después la mueles con tu mortero, se convierte en un polvo muy utilizado en rituales de amor, sobre todo de cara a una relación sentimental.

# ORTIGA

(*Urtica*)

GÉNERO: Masculino
ELEMENTO: Fuego
PLANETA: Sol
ORIGEN: Asia, América y Europa

PROPIEDADES MEDICINALES
Es una de las plantas más utilizadas en medicina, no obstante, al tacto es urticante y hay que tener cuidado al manipularla.

PROPIEDADES ESOTÉRICAS
Su mayor función es protectora, auyenta a los enemigos y los malos deseos de las personas que nos pueden querer mal. Se relaciona con la protección.

# PLANTAS VENENOSAS

En el mundo vegetal hay algunas plantas que son terribles para la salud en cualquier dosis, incluso pueden provocar la muerte. Por ese motivo, dejo aquí esta pequeña lista de plantas con las que conviene tener mucho cuidado, ya que algunas de ellas han sido utilizadas a lo largo de la historia en la magia, en algunas ocasiones, para crear venenos. De ninguna manera estas plantas deben consumirse, y en muchos casos es peligroso incluso el simple hecho de manipularlas. Son plantas con una energía muy potente.

Es necesario tener grandes conocimientos de botánica y magia para saber manipularlas y poder incorporarlas a la práctica.

## BELLADONA

(*Atropa belladonna*)

GÉNERO: Femenino
ELEMENTO: Tierra
PLANETA: Venus
ORIGEN: Eurasia

PROPIEDADES ESOTÉRICAS
Se relaciona con la diosa Hécate y con Perséfone. En determinadas dosis es mortal. Se asocia a las brujas, pues provoca alucinaciones. Incluso en muy pequeñas dosis puede ser terriblemente nociva para la salud.

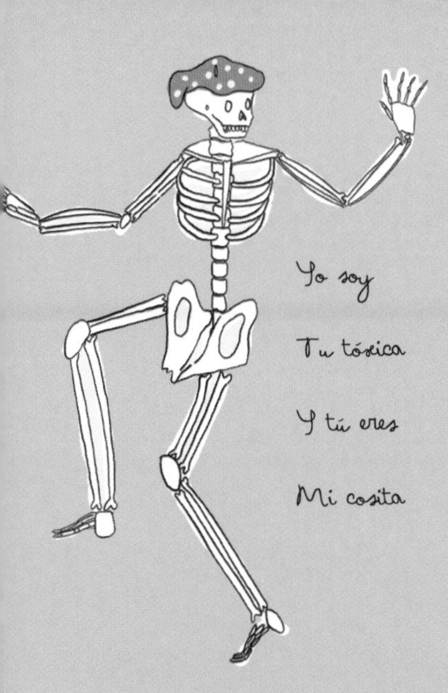


# ADELFA

(*Nerium oleander*)

Se considera la planta más venenosa del mundo. Tiene unas flores fucsias muy vistosas y suele estar en jardines.

# ACÓNITO COMÚN

(*Aconitum napellus*)

Es una planta con flores de color azul o violeta muy venenosa, incluso puede llegar a ser letal.

# RICINO

(*Ricinus communis*)

Procede de África y su ingesta es tan perjudicial que incluso puede provocar la muerte.

# CICUTA

(*Cicuta matulata*)

La cicutoxina, el elemento que la hace tóxica, se concentra más en la raíz y de ella se extrae uno de los venenos más famosos. Produce una muerte violenta.

# ESTRAMONIO

(*Datura stramonium*)

Proviene de América y produce delirios y alucinaciones, también la muerte. Las semillas son lo más tóxico.

# TEJO

(*Taxus baccata*)

Procede de las islas británicas.
Aunque tiene algunos usos médicos dentro de la industria farmacéutica, se conseidera tóxico.

# GUÍA MÁGICA PARA TOMAR TU TÉ O CAFÉ POR LA MAÑANA

Disfruta de tu bebida
en un sitio tranquilo.

Sitúa los cristales
correspondientes a
tu intención al lado
de tu té o café.
En el capítulo
siguiente veremos
qué cristales se usan
para cada cosa.

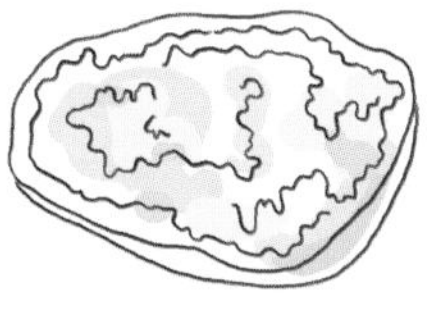

Piensa en tu intención
del día mientras remueves
tu té o café, dila
en voz alta si quieres.

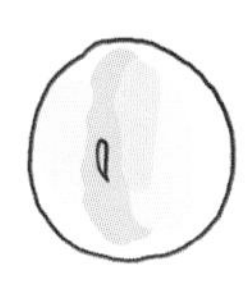

Da vueltas con la cuchara
en sentido horario para atraer
y en sentido antihorario
para dejar ir o destruir.

Comprueba las propiedades
de cada ingrediente
(en la siguiente página).

# PROPIEDADES DE LOS DISTINTOS INGREDIENTES DE LAS INFUSIONES

Café
Estimulante (genial para energizar).

Azúcar
Amor, purificación, atracción.

Miel/sirope
Vínculos, atracción, amor.

Leche/nata
Nutrir, protección, poder.

Leche de soja
Éxito laboral, protección.

Leche de coco
Protección, limpieza.

Leche de avena
Afianzamiento, prosperidad.

Leche de almendra
Prosperidad, riqueza, sabiduría.

Vainilla
Felicidad, amor, buena suerte.

Canela
Protección, prosperidad.

Poleo menta
Descongestión, claridad, dolor de estómago.

Manzanilla
Relajante, ayuda a dormir.

Té negro
Fuerza, energía, aleja la negatividad.

Té blanco
Limpia, protege.

Té verde
Energía, inmunidad, limpieza.

Té rojo
Fuerza, energía, seguridad.

Té chai
Calma, protección, prosperidad.

Té matcha
Claridad, pasión, amor, energía.

Jengibre
Equilibrio, claridad.

Cacao
Amor, claridad.

# SAHÚMOS

Aunque ya hemos visto las propiedades de las hierbas por separado y qué son los sahúmos, te dejo aquí un resumen de los atados de hierbas más comunes que puedes encontrar en tiendas especializadas. Recuerda que puedes fabricarlos tú misma atando hierbas frescas con fibras naturales elegidas según la intención que les quieras dar. Puedes dejarlos cargando a la luz de la luna llena para darles aún más poder.

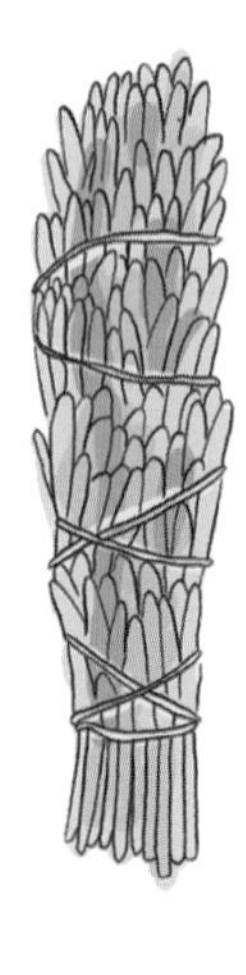
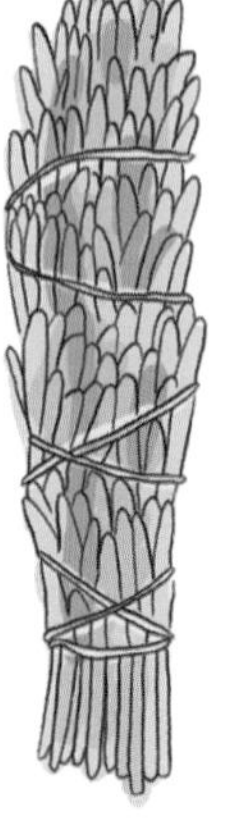

Artemisa

Lavanda

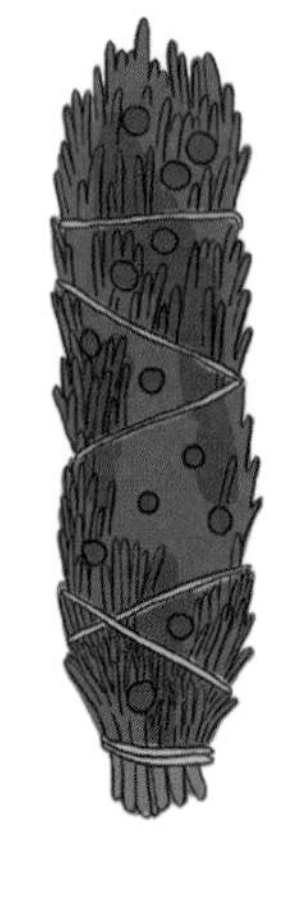

Enebro

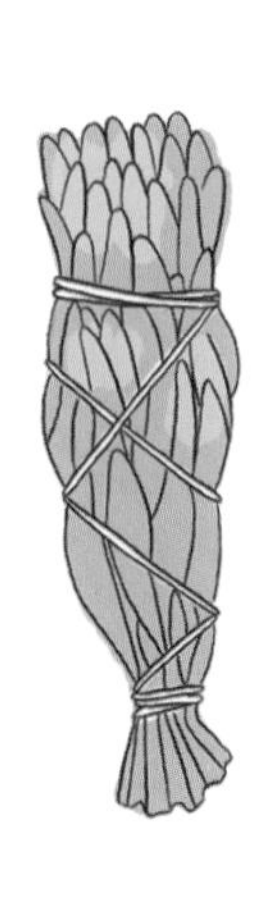

Salvia blanca

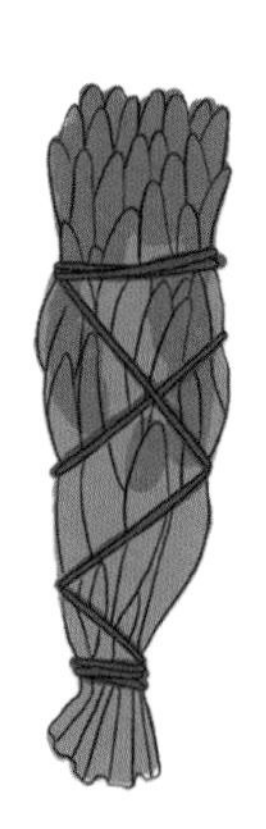

Sangre de dragón

Palo santo

Romero

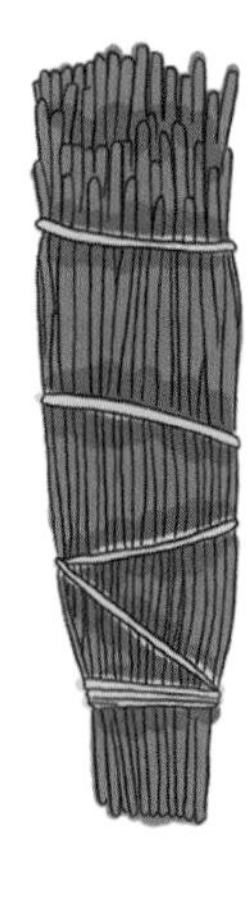

Cedro

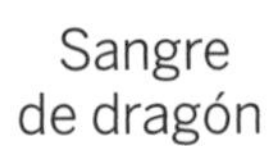

Artemisa: usada de manera tradicional para limpiar los espacios de negatividad y malas energías. También es conocida por estimular los sueños lúcidos; si tienes esta intención, quema esta hierba antes de irte a domir.

Lavanda: se suele usar para limpiar, para proteger espiritualmente y potenciar los dones psíquicos. Atrae la energía positiva relacionada con la felicidad y propicia la tranquilidad, la pureza y que nos sintamos bien.

Enebro: suele usarse para limpiar y energizar. Aporta fuerza tanto a la mente como al cuerpo cuando necesitamos un aporte extra de energía o cuando estamos cansadas.

Salvia blanca: es la planta de limpieza espiritual y ritual más conocida mundialmente. Sirve para transmutar la energía de una habitación. Es usada, también con fines medicinales, de purificación y limpieza.

Sangre de dragón: se trata de una resina que se aplica a los atados de salvia blanca y la tiñe de color rojizo. Es muy potente y suele usarse en limpiezas profundas para alejar las energías negativas y las entidades no deseadas en limpiezas profundas.

Palo santo: es la madera sagrada que limpia la energía negativa, purifica, estimula la creatividad y la intuición. Se utiliza en muchos rituales con diversos fines; es útil para tener una mayor conexión espiritual.

Romero: se trata de una hierba de limpieza y purificación muy potente, tanto para espacios y objetos como para nosotras mismas. Se asocia, como hemos visto, con el sol y la energía masculina.

Cedro: uno de sus usos tradicionales es limpiar la energía negativa al entrar a vivir en una nueva casa. Hay que quemar una ramita de cedro como ritual de limpieza.

# ACEITES ESENCIALES

Aunque las propiedades de las plantas son las mismas, te dejo un resumen de los aceites esenciales más comunes y sus utilidades. Añadir alguna gotita de aceites esenciales a tus rituales potencia la intención. También son habituales en hechizos, en meditación y en aromaterapia. Esta pequeña clasificación también puede servirte para que conozcas las utilidades de las plantas en general.

### Valor

Pimienta
Perejil
Ortiga
Cebollino
Rábano

### Fertilidad

Canela
Menta
Cilantro
Azúcar

### Felicidad

Canela
Menta
Caléndula
Anís

### Bienestar

Camomila
Semillas de amapola
Anís
Canela
Angélica

### Intuición

*Lemongrass*
Naranja
Salvia
Palo santo
Romero

### Amor

Canela
Azúcar
Cacao
Vainilla
Lavanda

### Suerte

Brezo
Pimienta
Hierbabuena
Sándalo
Nuez moscada

### Dinero

Pachuli
Perejil
Jengibre
Camomila
Eneldo
Canela

### Paz

Mejorana
Salvia
Palo santo
Lirio

### Protección

Angélica
Perejil
Ortiga
Clavo
Ajo
Menta

### Éxito

Laurel
Camomila
Romero
Azafrán
Apio

### Viajes

Mostaza
Perejil
Hinojo
Mejorana

### Sabiduría

Laurel
Camomila
Salvia
Tomillo

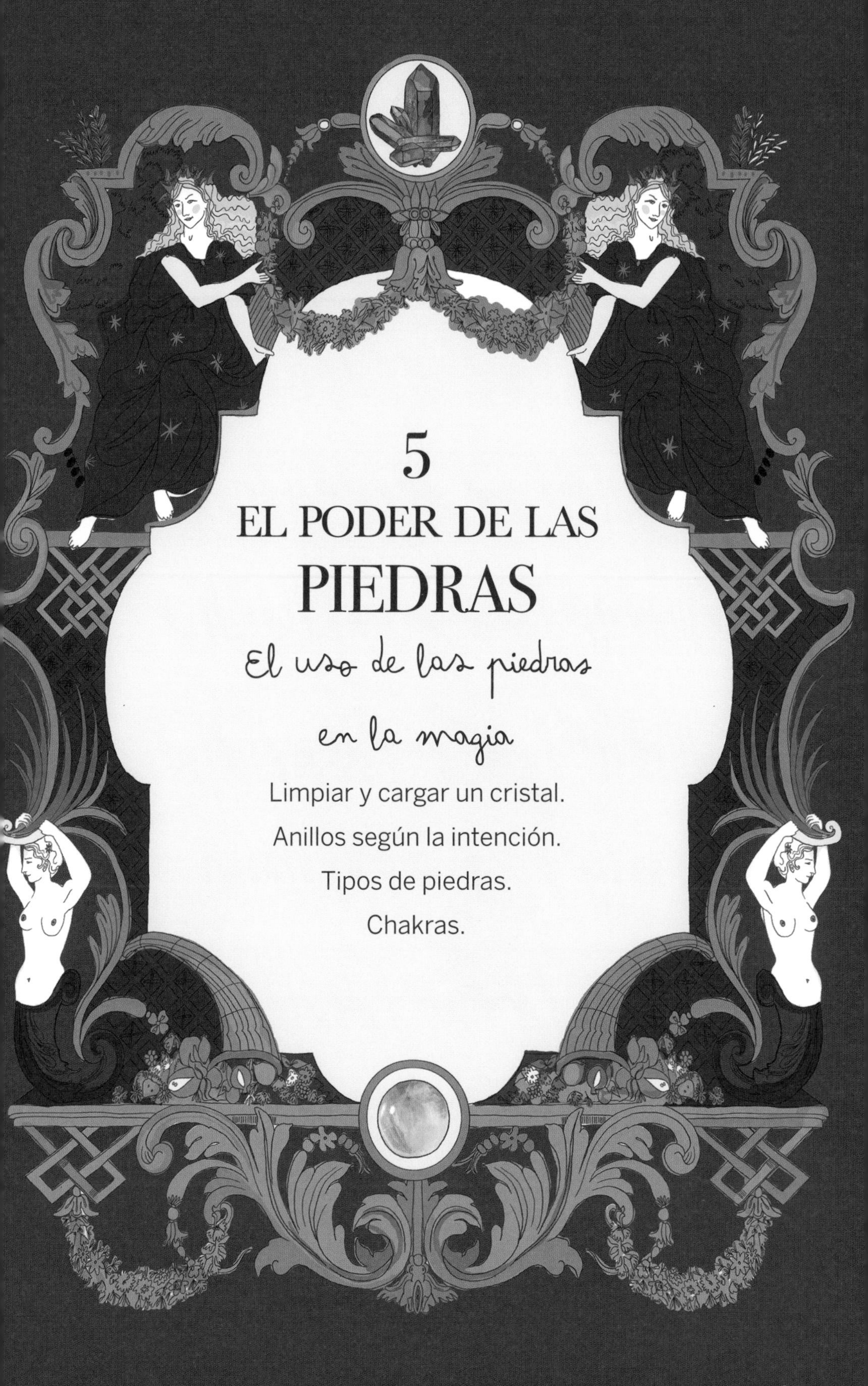

# 5
# EL PODER DE LAS PIEDRAS

## El uso de las piedras en la magia

Limpiar y cargar un cristal.

Anillos según la intención.

Tipos de piedras.

Chakras.

# LIMPIAR UN CRISTAL

Muchas veces se confunde el concepto de lo que es cargar un cristal con limpiar un cristal. Son dos cosas diferentes, como ahora veremos. Las siguientes indicaciones sirven para limpiar cualquier herramienta.

## LOS CRISTALES ABSORBEN ENERGÍA

Esto significa que es necesario limpiar cada cristal para deshacerse de la energía vieja, negativa o que simplemente no nos pertenece. Puedes limpiar tus cuarzos, cristales o piedras las veces que creas necesario, pero el momento más habitual para hacerlo es en luna menguante, como te contaré en el capítulo 10, sobre la astrología aplicada a la magia.

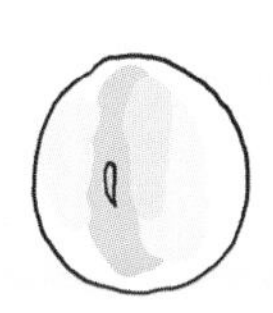

# CARGAR UN CRISTAL

Una vez limpios, los cristales deben cargarse o activarse. Pueden cargarse de algún elemento natural, como la luz del sol o de la luna, pero es más frecuente que se carguen de nuestra energía personal y se programen con una intención determinada, focalizando nuestra energía en ellos.

Los métodos más habituales para cargar cristales (u otras herramientas) son los siguientes (como verás, algunos son iguales o parecidos a los métodos para limpiar un cristal que hemos visto en la página anterior, pero lo importante es la intención que pongas):

- Pásalos por un torrente de agua (menos los cristales que no puedan ser mojados).
- Ponlos en contacto con la naturaleza; en un jardín o maceta.
- Usa vibraciones sonoras como cascabeles, platillos o canto.
- Pon sobre ellos un cuarzo o amatista limpios.
- Contacto físico: es mi método favorito; simplemente sostén el cristal entre tus manos.

## CRISTALES QUE NO PUEDEN MOJARSE

- Angelita
- Turquesa
- Kuncita
- Selenita
- Kyanita
- Malaquita
- Calcita
- Labradorita
- Lapislázuli

## CRISTALES A LOS QUE NO LES PUEDE DAR EL SOL

- Aventurina
- Amatista
- Aguamarina
- Berilo
- Citrino
- Kunzita
- Zafiro
- Fluorita
- Cuarzo rosa
- Cuarzo ahumado

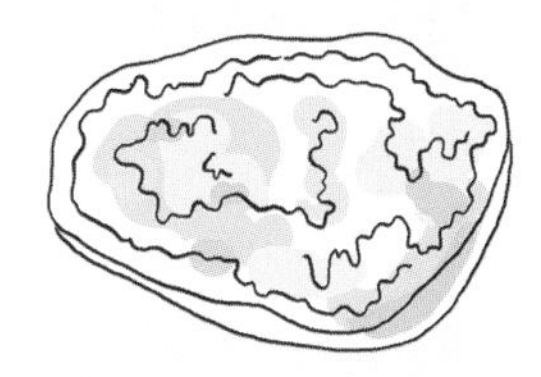

# FORMAS DE LOS CRISTALES

Al margen de que cada piedra tiene sus propiedades y usos, como veremos más adelante, se puede hacer una clasificación mágica de los cristales según su forma, que matiza, complementa o define su uso ritual.

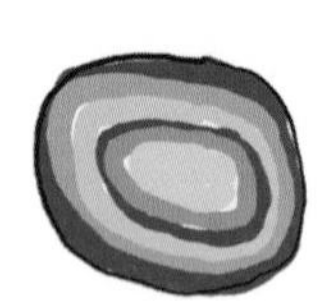

## Geoda

Se trata de un corte horizontal que se relaciona con la paz interior, la tranquilidad y la calma.

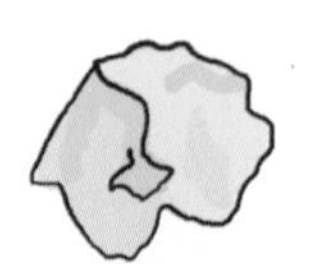

## En bruto

Los minerales en bruto presentan su forma más natural, por lo que poseen una energía espontánea y fuerte.

## Punta o generador

Los generadores o punta tienen una función amplificadora, concentran y dirigen la energía. También se usan para cargar la energía.

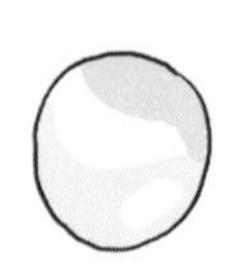

## Esfera

Las esferas poseen una energía suave que se relaciona con el mundo espiritual y la adivinación.

El rodado es una pieza con un pulido liso y una forma natural, con una energía suave y tranquila.

La pirámide es una pieza con una energía muy poderosa que, generalmente, se emplea para atraer.

## Doble

Los minerales con doble punta sirven para absorber, transmutar y transformar la energía.

# ANILLOS SEGÚN LA INTENCIÓN

Fuerza de voluntad

Autoridad, autoestima

Estabilidad emocional

Creatividad, relaciones

Sexualidad, magnetismo

Podemos activar las joyas, en especial los anillos, para fomentar el tipo de energía que queremos atraer, o nuestro propósito del día.

En relación con eso, podemos elegir en qué dedo llevar nuestro anillo, pero también qué tipo de piedra portar. A continuación veremos los usos más frecuentes de los cristales más habituales.

# TIPOS DE PIEDRAS

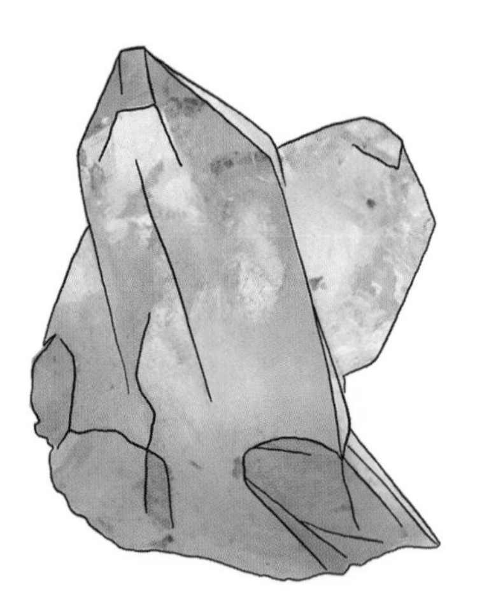

## CUARZO BLANCO

El cuarzo blanco es una de las piedras más populares y poderosas. Sus propiedades son purificadoras, limpia las malas energías y regala paz y armonía al portador. Es un buen compañero en la sanación, en la concentración y en la meditación. Sustituye a cualquier piedra menos frecuente, si te hiciera falta alguna vez en tus rituales.

## CUARZO AURA

El cuarzo aura o arcoíris se relaciona con la relajación y la paz de la mente o el espíritu. No es un cuarzo natural, ya que se obtiene a través de un proceso químico, aun así se trata de un cristal con propiedades muy potentes relacionadas con armonizar la comunicación, los ambientes y reducir el estrés. Al estar modificado químicamente, no todo el mundo piensa que mantenga sus propiedades, pero se trata de una creencia personal.

## LABRADORITA

La labradorita es una de mis piedras favoritas. Sus reflejos azulados iridiscentes sobre la superficie de tonos verdes y negros hacen que esta piedra sea hipnótica.

Se relaciona con la espiritualidad, la intuición y la adivinación y ayuda a despertar las habilidades psíquicas. También favorece la seguiridad en una misma, la imaginación y la introspección.

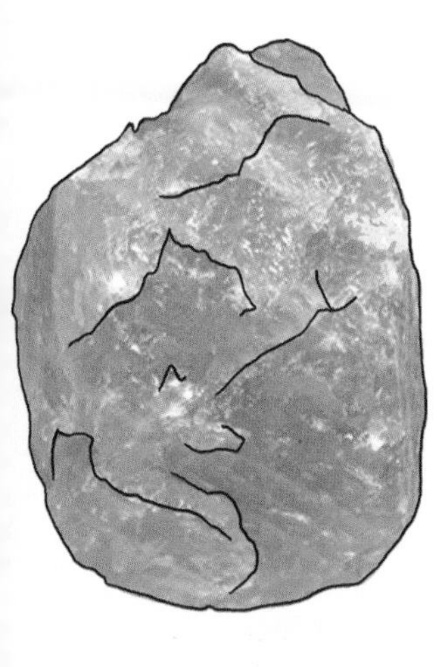

## CUARZO ROSA

El cuarzo rosa es también uno de los más populares, y sus tonos rosados, además de transmitirnos paz y equilibrio, relacionan esta piedra con la diosa Afrodita. Las propiedades de esta piedra están, por tanto, relacionadas con el amor, la belleza y el deseo. Se dice que si portas un cuarzo rosa, además de aumentar tu autoestima y sentirte más segura, atraerás el amor.

## AMATISTA

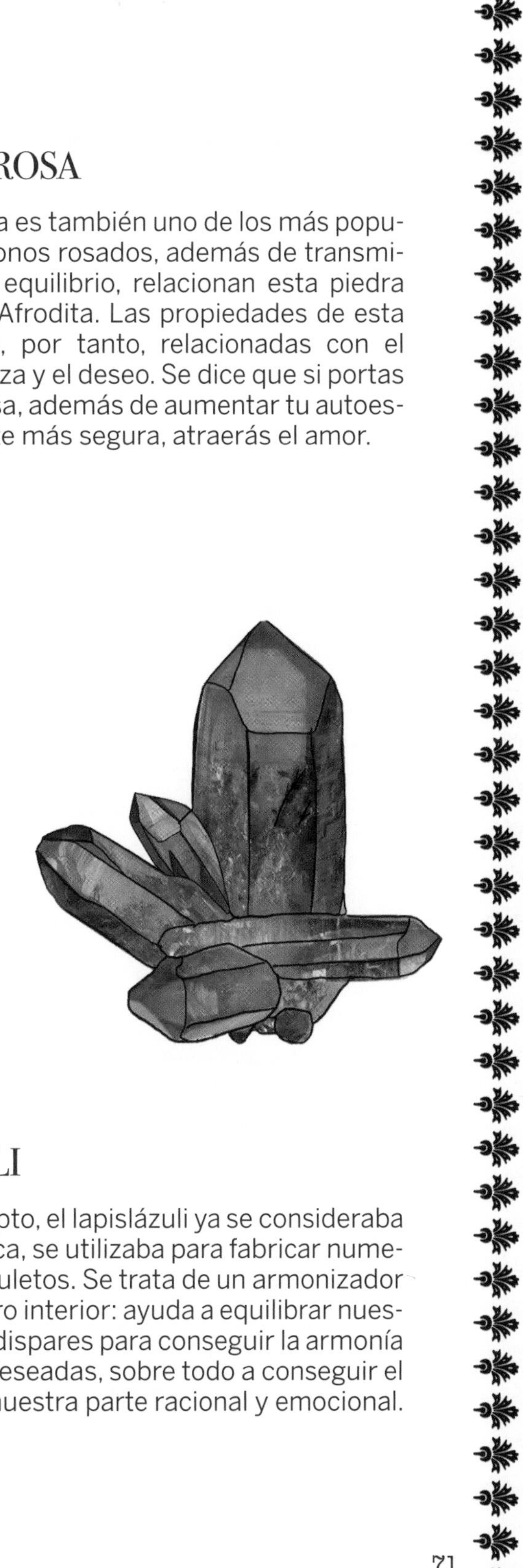

La amatista es uno de los básicos si quieres comenzar tu colección de piedras mágicas. Se relaciona con el dios Mercurio. Por lo tanto, favorece cualidades relacionadas con la mente, equilibrándolas: potencia la memoria, la concentración y ayuda a equilibrar nuestra mente para sufrir menos dolor emocional en situaciones adversas. Se trata de una piedra muy intensa energéticamente.

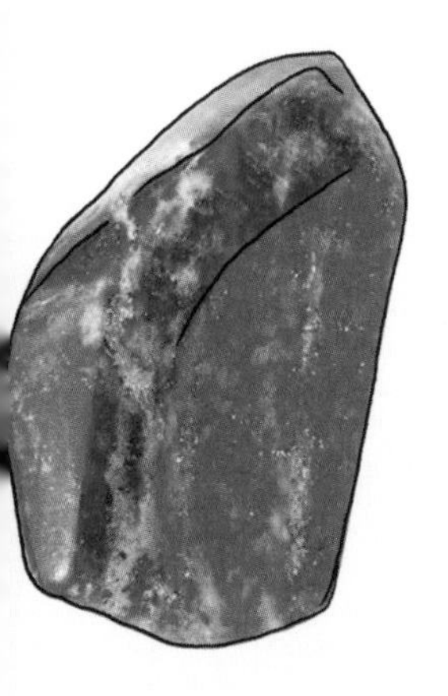

## LAPISLÁZULI

En el antiguo Egipto, el lapislázuli ya se consideraba una piedra mágica, se utilizaba para fabricar numerosas joyas y amuletos. Se trata de un armonizador natural de nuestro interior: ayuda a equilibrar nuestras partes más dispares para conseguir la armonía y la estabilidad deseadas, sobre todo a conseguir el equilibrio entre nuestra parte racional y emocional.

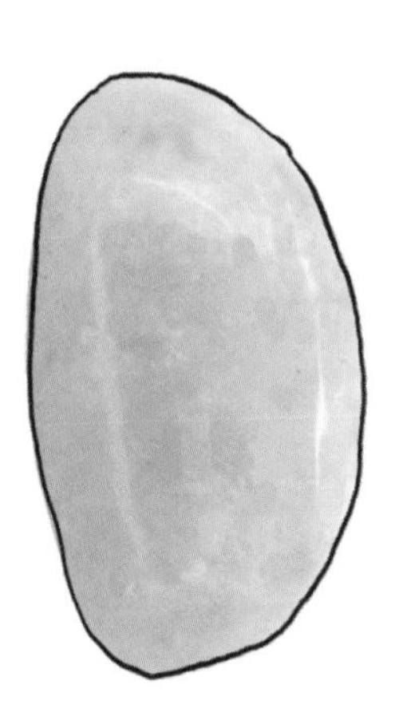

## ÓPALO

El ópalo se relaciona con las habilidades psíquicas: la intuición, la mediumnidad y la conexión con otros planos de la realidad. También estimula otras habilidades mentales como son la creatividad y la imaginación, y ayuda a expresar tu interior mediante el arte y la creatividad. Relaciona nuestra parte mental con la parte espiritual para sacar el mayor partido de ambas trabajando juntas.

## OBSIDIANA

La obsidiana, como casi todas las piedras negras, se relaciona fundamentalmente con la protección. Se dice que protege absorbiendo las energías negativas del entorno donde se encuentra. Otra de sus utilidades más comunes tiene relación con su poder transmutador que nos limpia y purifica.

## FLUORITA

La fluorita, con sus variantes colores, es una piedra con una energía delicada y sutil, que se relaciona con lo espiritual. Nos ayuda en el desarrollo de virtudes como el equilibrio, orden, limpieza y purificación, y a elevar nuestra vibración.

## GRANATE

El granate se relaciona con nuestro valor personal, con el poder y la autoafirmación. Es una piedra muy útil cuando estamos más bajitos de energía o nos sentimos más inseguros, así como en periodos de crisis.

## ÁGATA

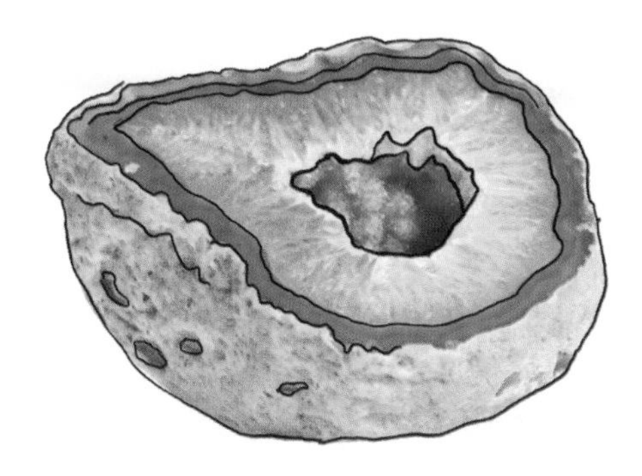

El ágata es una piedra muy versátil que nos puede aportar equilibrio, protección, amor propio y seguridad. Sobre todo se utiliza con la intención de conseguir el equilibrio entre nuestras diferentes partes: mental, física y espiritual.

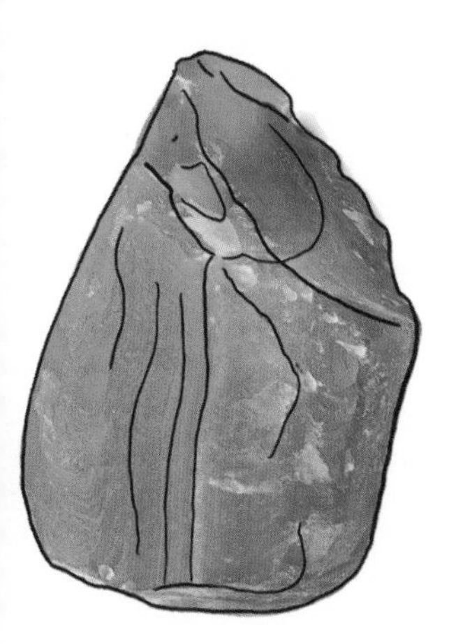

## CORALINA

La coralina se relaciona con el sol. Se trata de una piedra con una fuerte tradición de atracción del éxito, las riquezas y la abundancia. Tanto es así que se menciona en la Biblia. Nos ayuda a conseguir nuestros objetivos, sobre todo en el terreno laboral o económico y nos proporciona ese «empujón» necesario.

## APATITA

Esta piedra azul es idónea para las personas tímidas o introvertidas que buscan encontrar mayor seguridad en sí mismas. Ayuda a conseguir, sobre todo, una mayor facilidad de palabra para poder comunicarse con los demás.

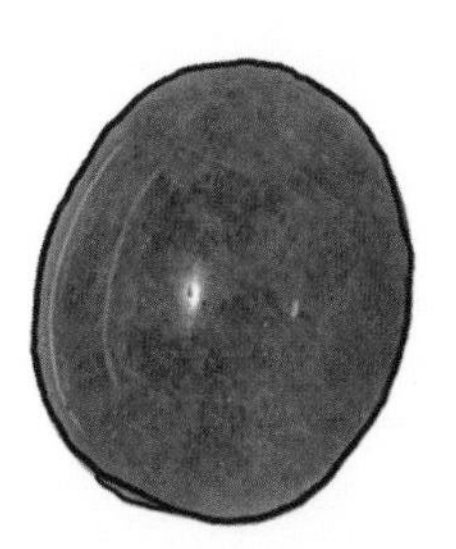

## AVENTURINA

La aventurina se relaciona con la prosperidad, la calma y el equilibrio; posee una energía poderosa, pero a la vez tranquila y suave. Guarda relación especialmente con el bienestar y la felicidad.

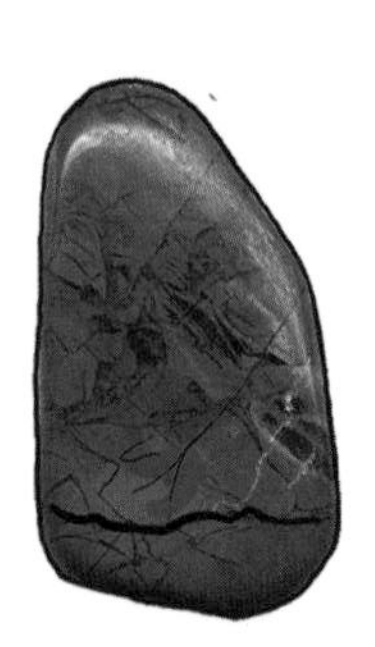

## JASPE

El jaspe rojo aporta fuerza, seguridad y confianza en una misma. Proporciona vitalidad al cuerpo y a la mente, por lo que es una piedra muy útil cuando estudias o realizas algún esfuerzo físico o intelectual.

## AGUAMARINA

El aguamarina se relaciona con la sensibilidad, la empatía, la dulzura y la intuición, lo que la hace muy afín a los signos de agua (Piscis, Cáncer, Escorpio). Es muy útil si queremos fomentar estas cualidades en nosotros o en un tercero.

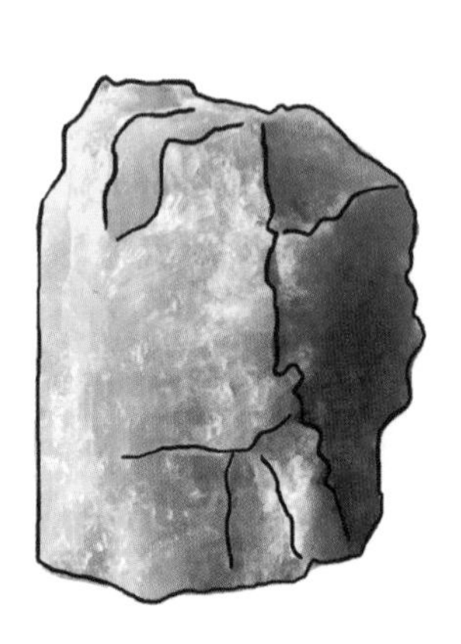

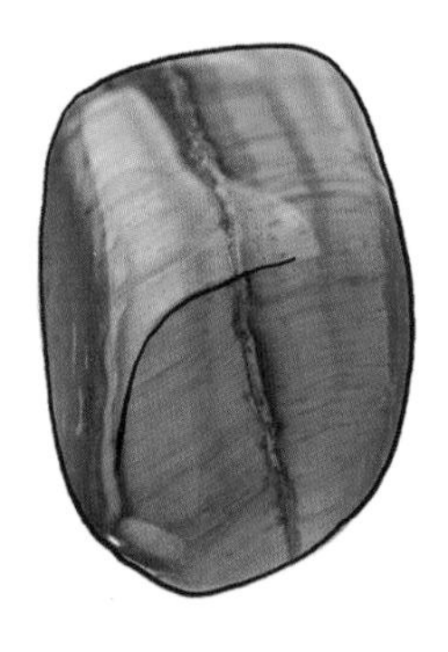

## OJO DE TIGRE

El ojo de tigre es una poderosa piedra que está relacionada con la protección espiritual, que también favorece la fuerza y la confianza en una misma, haciéndonos sentir más poderosas.

## ANGELITA

Tal como indica su nombre, esta piedra se relaciona con los ángeles y arcángeles. Nos ayuda a mantener conexión con ellos y, por tanto, tiene una labor protectora desde ese punto de vista.

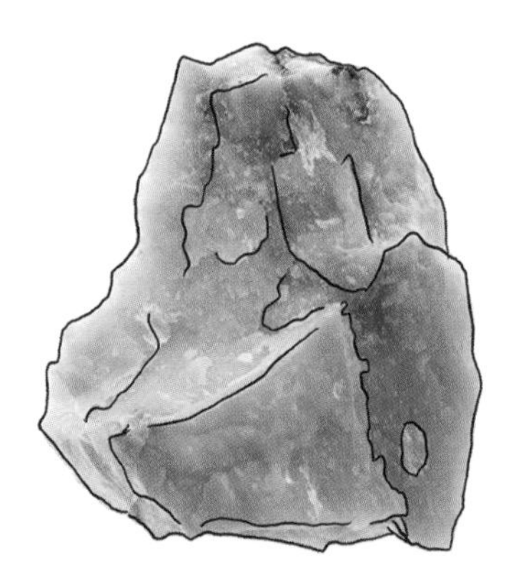

## PIEDRA DÁLMATA

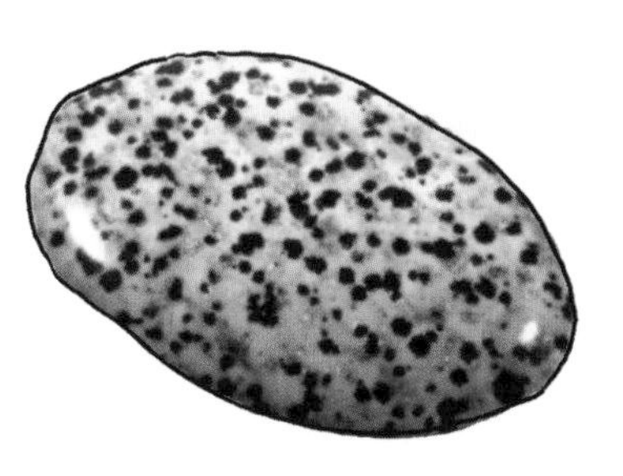

Se trata de un tipo de jaspe cuyo característico aspecto recuerda a un perro dálmata. Facilita la asimilación de los cambios y la capacidad de adaptación a nuevas circunstancias, sean adversas o simplemente distintas.

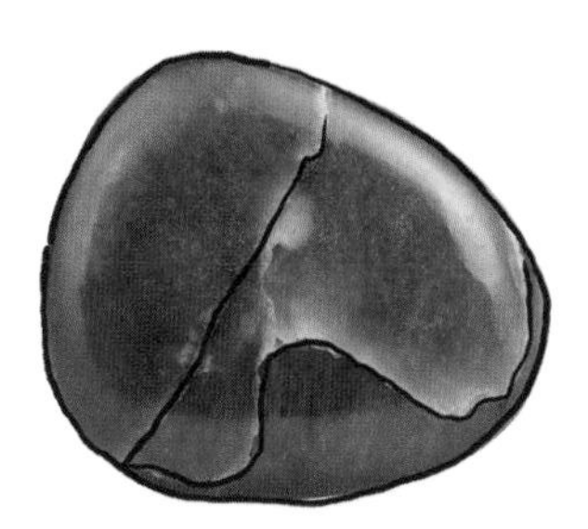

## JADE

El jade cumple una doble función. Por una parte, se considera una piedra protectora. Por otra parte, se considera un talismán para atraer el romance o el amor verdadero a nuestra vida.

## PIEDRA LUNA

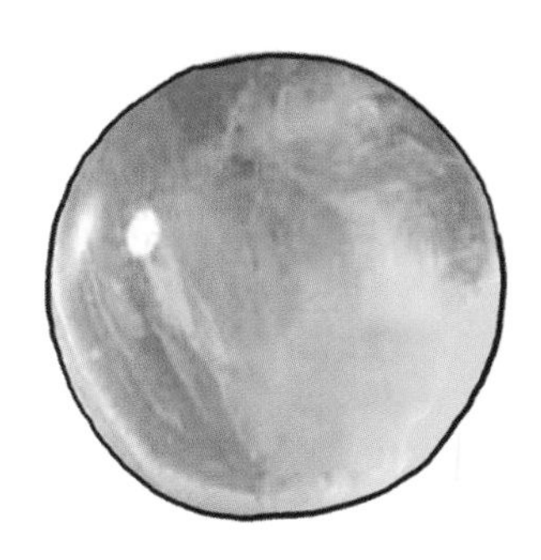

La piedra luna, tal como indica su nombre, es una piedra que está asociada con la luna y la diosa Selene. También se relaciona con las brujas, la intuición y las capacidades psíquicas.

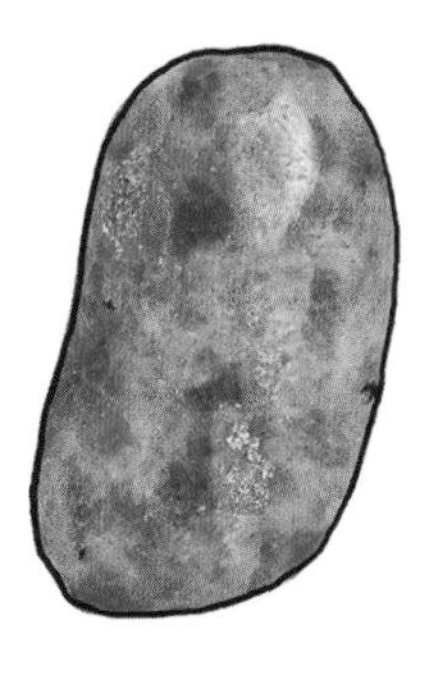

## PIEDRA SOL

Tal como indica su nombre se relaciona con el sol, y, por tanto, con sus virtudes asociadas. La extroversión, el encanto personal, la felicidad y el disfrute son cualidades con las que se relaciona esta piedra.

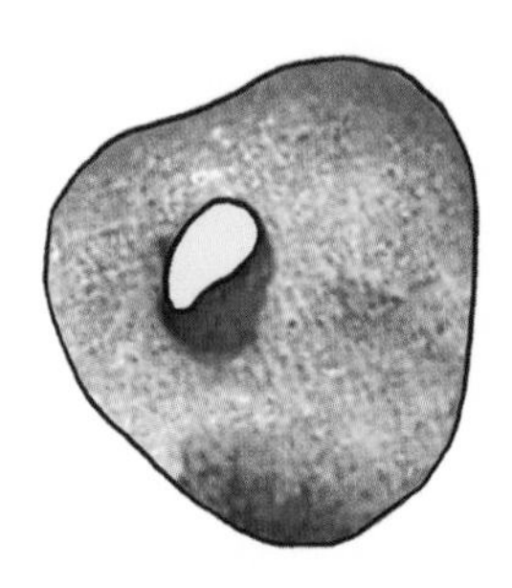

## PIEDRA BRUJA

Se trata de un tipo de piedra que se encuentra en las playas, cuya característica es tener un agujero natural formado por el agua. Se relaciona con las brujas, aporta protección y aumenta las capacidades psíquicas y la visión.

## ÁMBAR

El ámbar es una resina fosilizada que aparece en las coníferas. Su uso principal es de protección y favorece la estabilidad y el equilibrio entre nuestra parte mental y la espiritual.

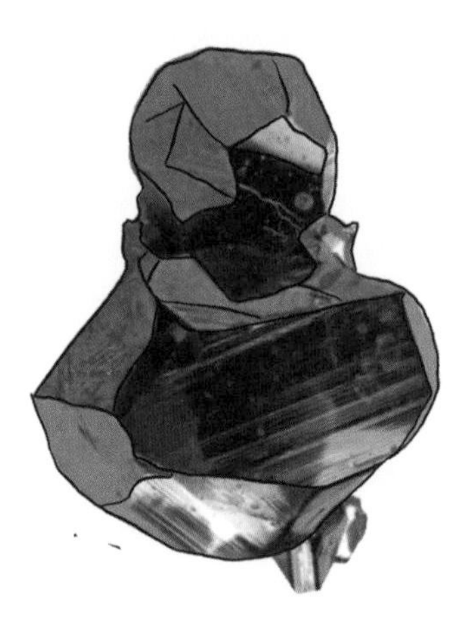

## HEMATITA

La hematita es una piedra protectora, también aporta equilibrio y estabilidad a nuestro interior para que la energía negativa exterior no pueda afectarnos.

## CUARZO AHUMADO

El cuarzo ahumado es un tipo de cuarzo que se caracteriza por aportar seguridad en uno mismo y la fuerza necesaria para alcanzar nuestros propósitos.

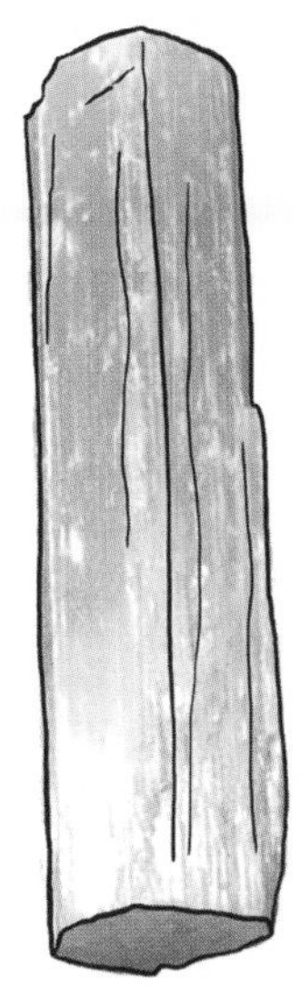

## SELENITA

La selenita es una de las piedras más populares y uno de los básicos en la colección de piedras mágicas. Sirve para armonizar y limpiar, equilibrar espacios y también nuestro interior. Se suele presentar en forma de barra.

## ÓNIX

El ónix es una piedra protectora que, además, realza la seguridad en nosotras mismas, nos aporta valor e iniciativa.

## TURMALINA

La turmalina es una de las piedras protectoras más importantes. Capta la energía negativa del ambiente y la transmuta. Ayuda en rituales de protección y a eliminar bloqueos en situaciones limitantes.

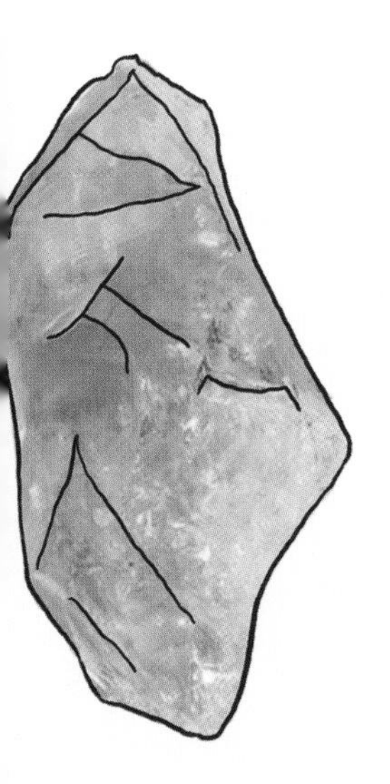

## CITRINO

El citrino es uno de los minerales más importantes y poderosos del mundo espiritual. Se relaciona con la energía positiva, con el sol, con la claridad de ideas, con la felicidad y con todo lo bueno de la vida. Ayuda a atraer la suerte y la abundancia en todos los ámbitos.

# CHAKRAS

Los chakras son puntos energéticos de nuestro cuerpo. Si están obstruidos, la energía no fluye correctamente y se producen bloqueos energéticos. Para equilibrarlos, podemos usar una serie de cristales asociados a cada uno de los siete puntos energéticos.

Chakra corona
Se relaciona con el entendimiento y la voluntad.
Piedras: cuarzo blanco, piedra luna, amatista, labradorita.

Chakra ajna o tercer ojo
Se relaciona con la imaginación y la conexión espiritual.
Piedras: sodalita, lapislázuli, zafiro, azulita.

Chakra garganta
Se relaciona con el poder.
Piedras: turquesa, aguamarina, howlita azul, ágata azul.

Chakra corazón
se relaciona con el amor.
Piedras: cuarzo rosa, rodonita, amazonita, ópalo verde.

Chakra plexo solar
Se relaciona con la sabiduría.
Piedras: citrino, topacio, ámbar, ojo de tigre.

Chakra sacro
Se relaciona con el orden.
Piedras: carnelia.

Chakra raíz
Se relaciona con el sexo y la vida.
Piedras: obsidiana, turmalina, coral.

# 6
# ÁNGELES, ARCÁNGELES, GUÍAS ESPIRITUALES Y DIOSAS

Todos ellos son seres del plano espiritual, no es necesario trabajar con ellos, pero conviene saber qué son. La magia no es una religión, pero podemos apoyarnos en elementos de algunas creencias para desarrollar nuestra práctica espiritual, siempre que resuene con nosotras. Es un tema muy complejo; esto solo es una pequeña introducción.

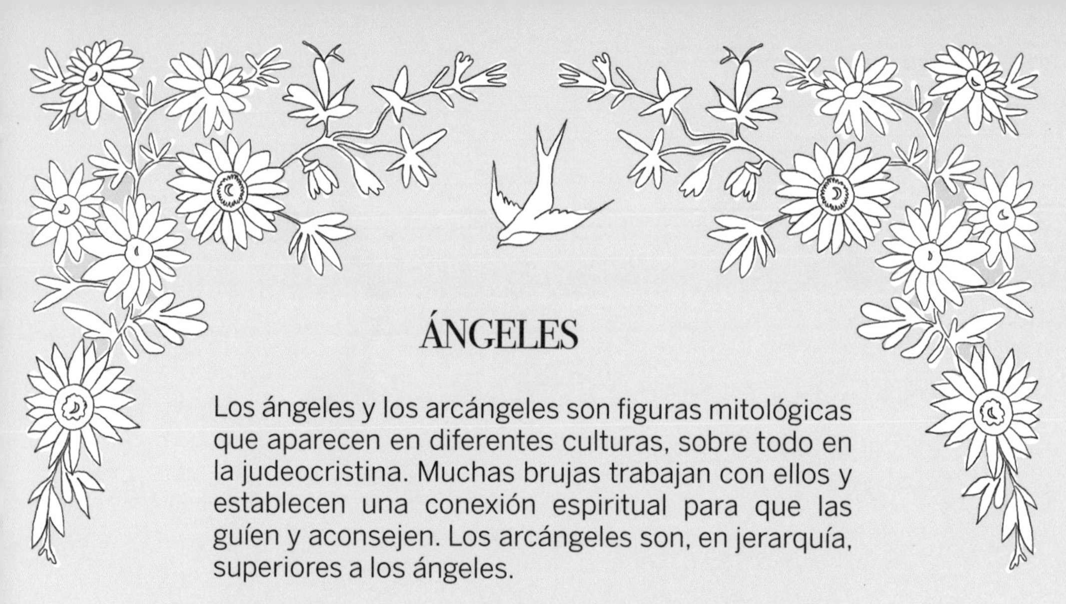

# ÁNGELES

Los ángeles y los arcángeles son figuras mitológicas que aparecen en diferentes culturas, sobre todo en la judeocristina. Muchas brujas trabajan con ellos y establecen una conexión espiritual para que las guíen y aconsejen. Los arcángeles son, en jerarquía, superiores a los ángeles.

Para contactar con nuestro ángel de la guarda podemos encender una vela blanca. Cada árcangel tiene sus correspondencias de colores y días de la semana para poder encenderles velas y contactar con ellos.

Los famosos «angel numbers» o «números angélicos» son números que si los vemos repetidos pueden tener un mensaje para nosotros de parte de nuestros ángeles guardianes. Estos números también pueden relacionarse con nuestros guías espirituales. Lo veremos en la siguiente página.

**111**

Confía en tu intuición. Nuevos comienzos.

**222**

Estás en el momento y lugar adecuados.

**333**

Tus guías te están protegiendo y guiando.

**444**

Déjate fluir.

**555**

Algo nuevo está en camino.

**666**

Es momento de crecer y mejorar.

**777**

Buena suerte.

**888**

Todo está colocándose para situarse donde debe estar.

**999**

Deja ir.

# ARCÁNGELES

Los arcángeles son siete y cada uno tiene sus propias asociaciones.

**RAFAEL**
Verde
Jueves

**MIGUEL**
Azul
Domingo

**JOFIEL**
Amarillo
Lunes

**URIEL**
Naranja
Viernes

**GABRIEL**
Azul celeste
Miércoles

**ZADKIEL**
Morado
Sábado

**CHAMUEL**
Rosa
Martes

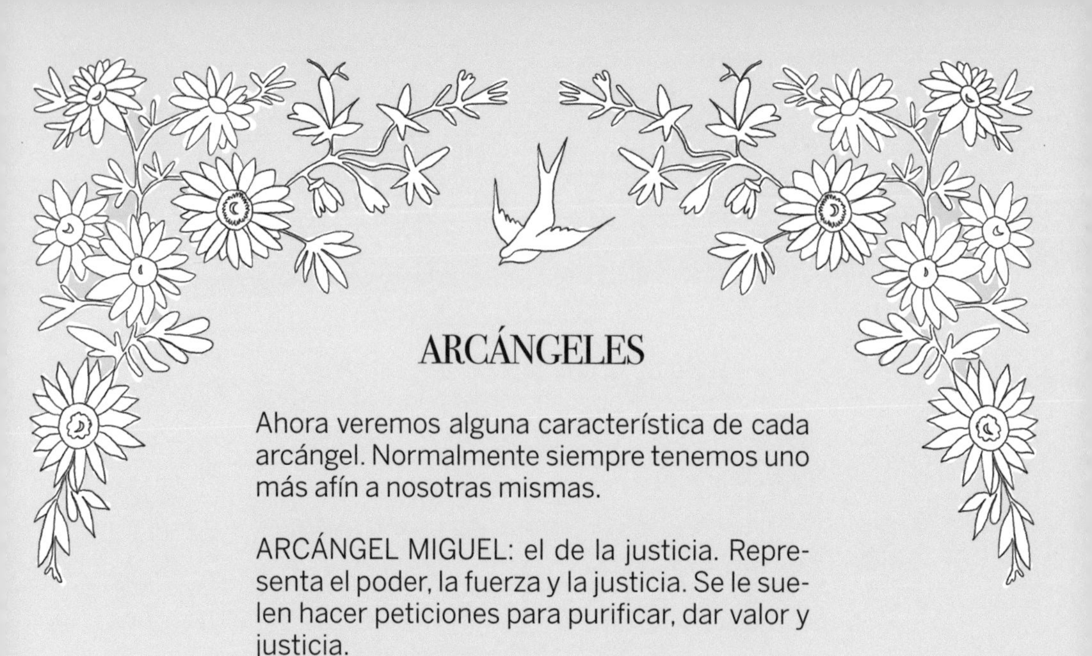

## ARCÁNGELES

Ahora veremos alguna característica de cada arcángel. Normalmente siempre tenemos uno más afín a nosotras mismas.

ARCÁNGEL MIGUEL: el de la justicia. Representa el poder, la fuerza y la justicia. Se le suelen hacer peticiones para purificar, dar valor y justicia.

ARCANGEL JOFIEL: el iluminador. Se asocia con la inteligencia, la claridad mental y la sabiduría. Cuando tenemos que tomar una decisión crucial, se suele recurrir a él.

ARCÁNGEL CHAMUEL: el del amor. Se asocia con las relaciones, sean de pareja o no, con los vínculos y el amor. También puede protegernos contra las envidias y los malos deseos.

ARCÁNGEL GABRIEL: el mensajero. Se asocia con la comunicación clara, sosegada y acertada. También con el arte, la inspiración y la búsqueda de sosiego.

ARCÁNGEL RAFAEL: el sanador. Se le relaciona con la salud, pero no solo a nivel físico, también mental y espiritual. Nos ayudará a superar momentos difíciles en relación con el ánimo.

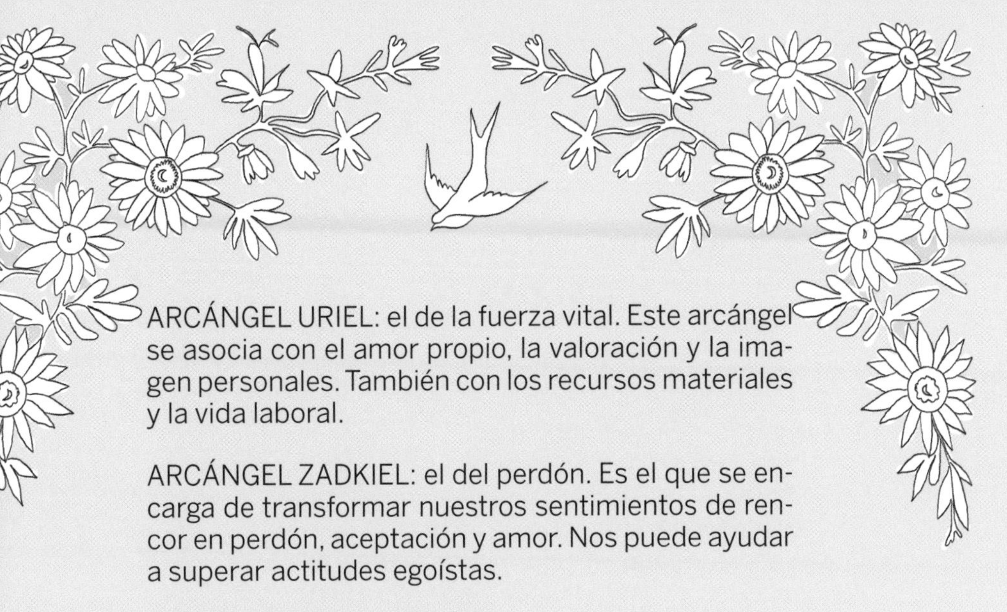

ARCÁNGEL URIEL: el de la fuerza vital. Este arcángel se asocia con el amor propio, la valoración y la imagen personales. También con los recursos materiales y la vida laboral.

ARCÁNGEL ZADKIEL: el del perdón. Es el que se encarga de transformar nuestros sentimientos de rencor en perdón, aceptación y amor. Nos puede ayudar a superar actitudes egoístas.

## GUÍAS ESPIRITUALES

Los guías espirituales son seres no materiales que nos protegen desde el plano inmaterial de la realidad. Podemos llegar a contactar con ellos a través de la meditación, la introspección y el autoconocimiento y debemos estar atentos a las señales que nos mandan, como colores, plumas, números... Llevar un diario de sueños puede ser útil. Una de las señales más comunes es la variedad de plumas que encontramos:

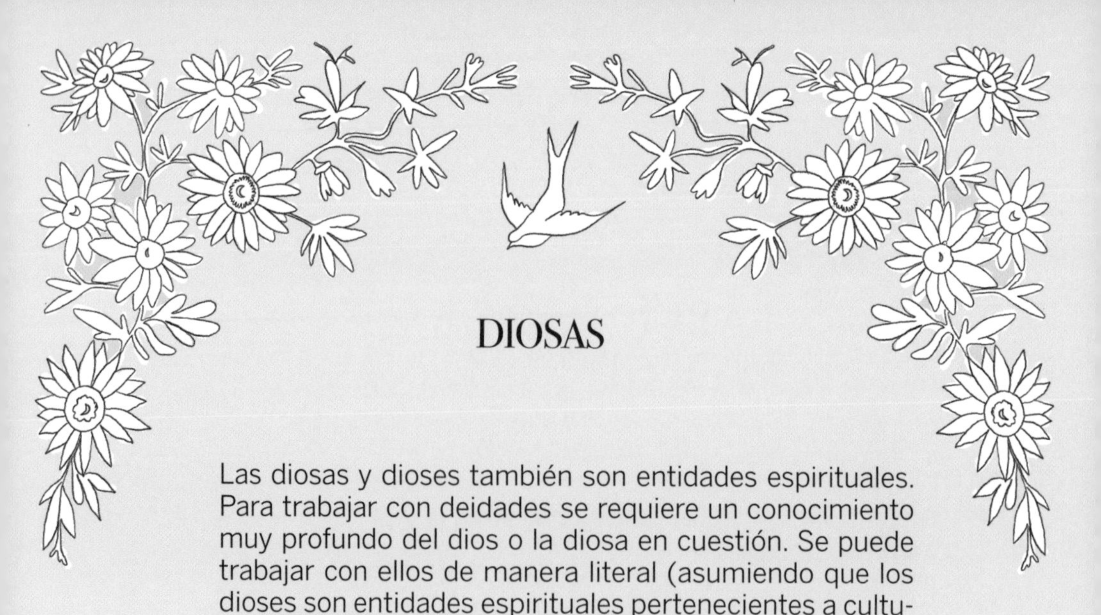

# DIOSAS

Las diosas y dioses también son entidades espirituales. Para trabajar con deidades se requiere un conocimiento muy profundo del dios o la diosa en cuestión. Se puede trabajar con ellos de manera literal (asumiendo que los dioses son entidades espirituales pertenecientes a culturas concretas y siendo respetuosas con ellas) o también podemos inspirarnos en cualidades de cada deidad para nuestro desarrollo personal y espiritual.

El tema de las diosas es apasionante, pero también es muy extenso, y explicar cómo se debe trabajar con las deidades de los principales panteones puede dar para otro libro. Sin embargo, me hace ilusión contar aquí algo que me enseñó La Meiga Dorada, una de mis brujas favoritas.

Para cada deidad, o incluso persona corriente, existe un egregor. Un egregor es la energía generada alrededor de estas imágenes que tenemos de los personajes populares. Cuantas más personas sigan o pidan al egregor, más poderoso se vuelve, pues son miles o incluso millones de personas moviendo energía.

Las brujas suelen trabajar con deidades femeninas; las del panteón griego son de las más populares, como Hécate (diosa de la magia) o Afrodita (diosa del amor, la belleza y el deseo).

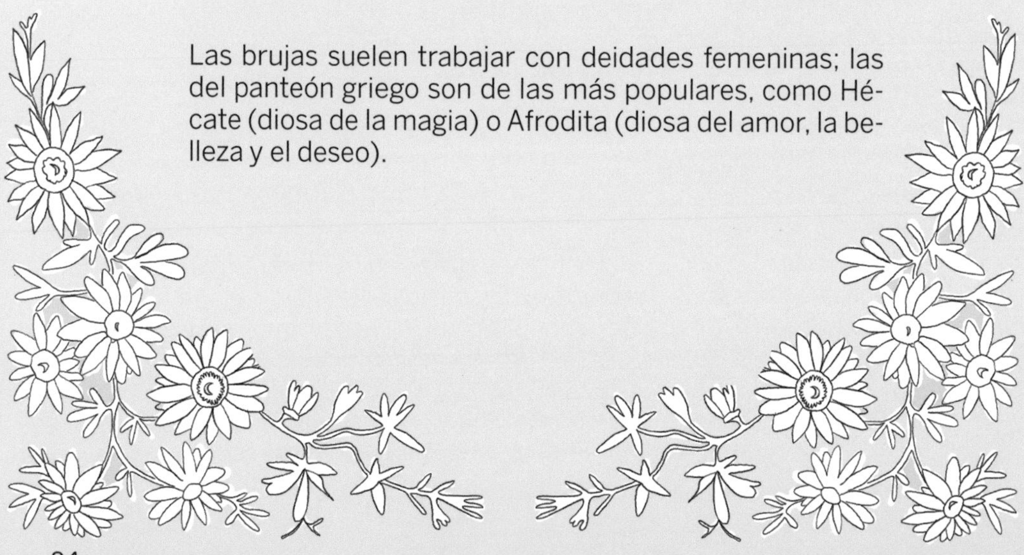

# 7
# LA RUEDA DEL AÑO LAS FIESTAS PAGANAS

Cada solsticio, equinoccio y puntos intermedios celebramos la naturaleza y a nosotras mismas. Cada festividad tiene unos elementos asociados y son la excusa perfecta para reunirnos con amigas, cocinar con productos de temporada y decorar nuestro espacio mágico para conectarnos con la naturaleza y con nuestro interior. Estas festividades tienen relación con la cultura celta y también con elementos contemporáneos y de otras culturas.

# BELTANE

1 DE MAYO

Beltane es la primera fiesta del año mágico (recordemos que tanto el año mágico como el astrológico comienzan en abril con la temporada Aries). Se celebra que el verano está cerca, la fertilidad y la vida. Voy a contarte cómo puedes celebrar una fiesta de Beltane con tus amigas.

## MAYPOLE O PALO DE MAYO

El maypole es un juego de tradición celta típico de esta época. En España se celebra en el norte (en Galicia y Cantabria sobre todo). Es un juego que consiste en dar vueltas con cintas de colores alrededor de un poste de madera.

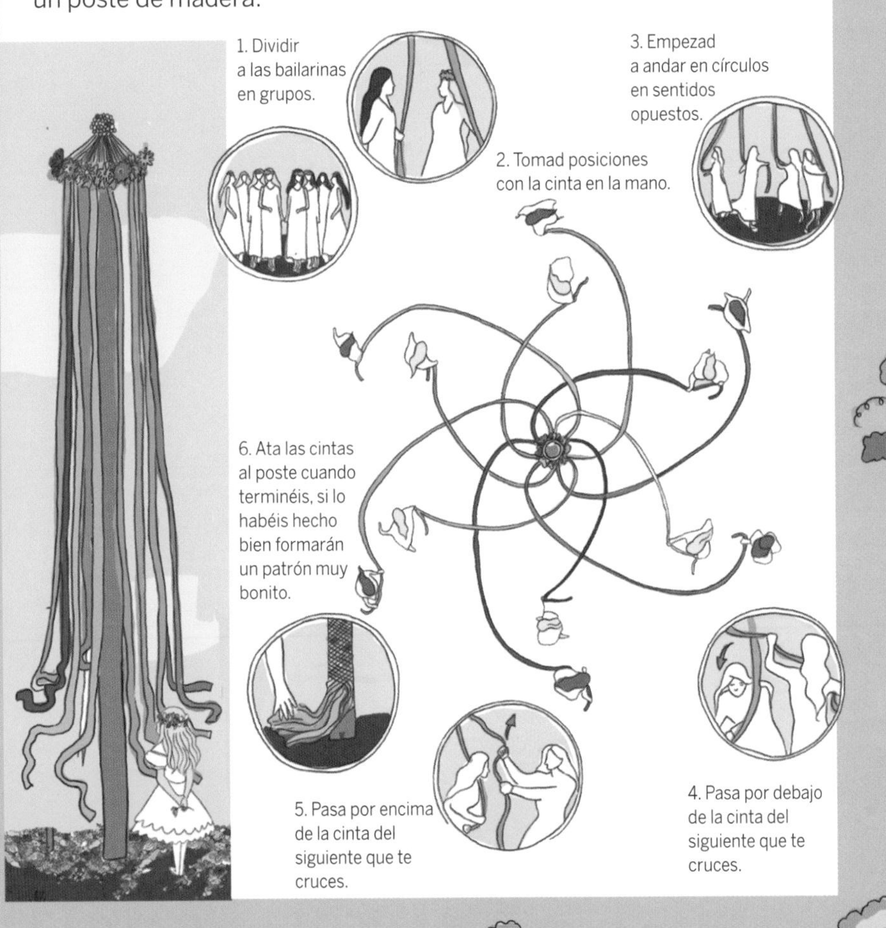

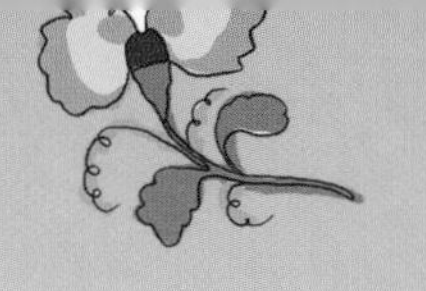
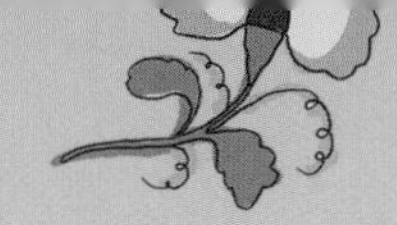

## CORRESPONDENCIAS DE BELTANE

Elementos característicos de la fiesta con los que puedes trabajar, decorar tu altar o tu fiesta.

### PALABRAS CLAVE

Abundancia
Fertilidad
Ancestros
Crecimiento
Amor
Unión

### INTENCIÓN MÁGICA

Fertilidad
Manifestación
Nuevas ideas
Purifación
Unión
Encantos

### FLORES

Margarita
Diente de león
Lila
Narciso
Rosa

### HIERBAS

Menta
Hierbabuena
Artemisa
Aspérula

### ÁRBOLES

Roble
Pino
Sauce
Abedul

### COLORES

Verde
Rosa palo
Blanco
Amarillo
Lila

### PIEDRAS

Aventurina
Esmeralda
Jade
Malaquita
Rodonita
Cuarzo rosa

### SÍMBOLOS Y ELEMENTOS

Hoguera
Ofrendas
Cascabeles
Flores
Maypole
Cantar y bailar
Plantar árboles
Jardinería
Miel
Tarta
Limonada
Ponche

### TAROT

La Emperatriz
La Sacerdotisa
El Mago

### ANIMALES

Abeja
Vaca
Conejo
Oveja
Pájaro

### *DRESS CODE*

Lo ideal es vestir de blanco y adornar la ropa y el pelo con flores de temporada.

### CORONA DE FLORES

Siguiendo este esquema, puedes hacer las coronas de flores para adornar tu pelo.

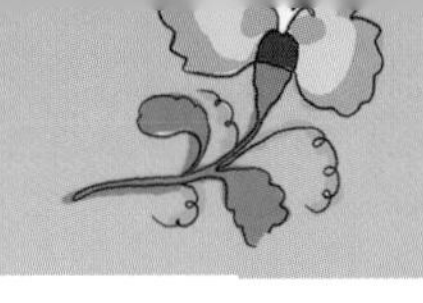

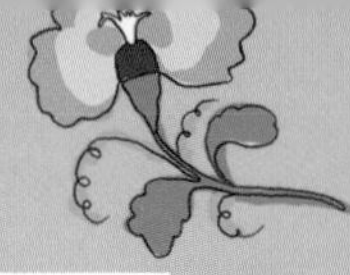

# RECETAS PARA TU FIESTA DE BELTANE

Estas son algunas recetas típicas de esta fiesta. Puedes prepararlas con tus invitadas o servírselas a su llegada. Lo ideal es hacer un pícnic o celebrarlo en un jardín.

## LIMONADA DE BELTANE

### INGREDIENTES

- Limón (zumo y rodajas decorativas): longevidad, purificación, amistad.
- Hierbabuena: curación, amor, poderes psíquicos.
- Jengibre: dinero, éxito, poder.
- Romero: Protección, curación, limpieza.
- Azúcar: amor, armonía, dulzura.

### PREPARACIÓN

Mezclar todos los ingredientes y servir fría.

## GALLETAS DE BELTANE

### INGREDIENTES (12 personas)

- 2 tazas de harina
- 1/2 taza de azúcar
- 125 g de mantequilla
- 1 cucharadita de esencia de rosa (comestible)
- 1 huevo
- Pétalos de rosa comestibles para decorar

### PREPARACIÓN

- En un recipiente amplio mezcla bien la mantequilla y la harina tamizada. Precalienta el horno a 190 °C.
- Incorpora el azúcar, el huevo y la esencia de rosa y sigue mezclando con las manos. Debe ser una mezcla compacta, si se pega a los dedos, añade un poco de harina.
- Extiende la masa con un rodillo hasta formar una plancha de aproximadamente 1cm de grosor.
- Corta la masa en trozos y dales forma de galleta.
- Ponlas en un molde para horno, previamente engrasado con un poco de mantequilla para que no se peguen.
- Decóralas con los pétalos de rosa.
- Hornéalas durante 8-10 minutos.

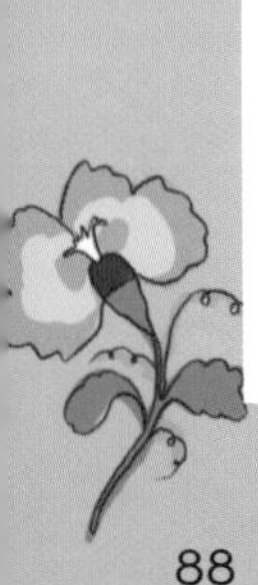

# HECHIZO DE BELTANE

Para dar por finalizada la fiesta, puedes realizar este hechizo con tus invitadas. También lo puedes hacer sola en tu altar.

### NECESITARÁS

- Una vela blanca, o vela de Beltane, por persona.
- Un trozo de papel por persona.
- Un fuego u hoguera para quemar hierbas y flores, preferiblemente de la lista de correspondencias de Beltane (en un exterior).
- Tinta rosa o lápiz rosa.

### PROCEDIMIENTO

Cada una apuntamos en el papel cualidades que nos gustaría conseguir, y los vamos echando en el fuego de Beltane. Nos cogemos de las manos formando un círculo alrededor del fuego y focalizamos nuestra energía en que se cumpla.

# VELAS DE BELTANE

Viste las velas (en la página 33 explico cómo) con los siguientes ingredientes:

- Pétalos de rosa
- Lavanda
- Menta
- Miel (o azúcar)

# BAÑO RITUAL DE BELTANE

Puedes regalar a tus invitadas un frasquito de estas sales al final de la fiesta, o puedes elaborarlas para ti, si celebras la fiesta en solitario.

### MEZCLA EN TU MORTERO Y DEJA A LA LUZ DE LA LUNA LLENA LOS SIGUIENTES INGREDIENTES

- Pétalos de rosa
- Lavanda
- Menta
- Azúcar
- Sal gorda ritualizada
- Aceite de rosa mosqueta (3 gotas)
- Un tapón de agua florida

Salir de la bañera después de darse un baño y, sin aclarar, secar a toquecitos. Este baño sirve para atraer el amor, la abundancia, sentirnos más seguras de nosotras mismas y limpiar la mala energía.

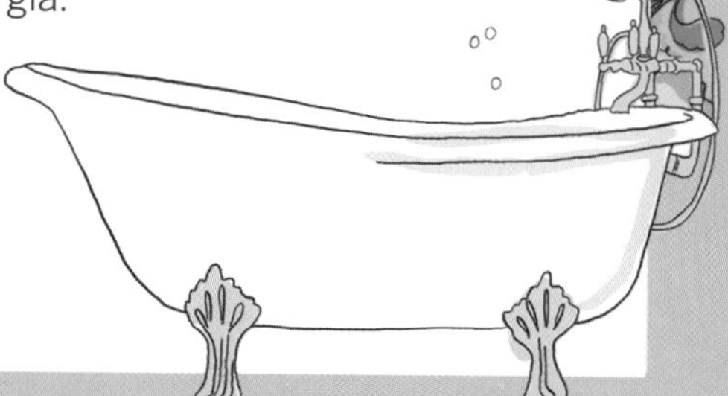

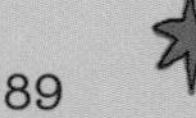

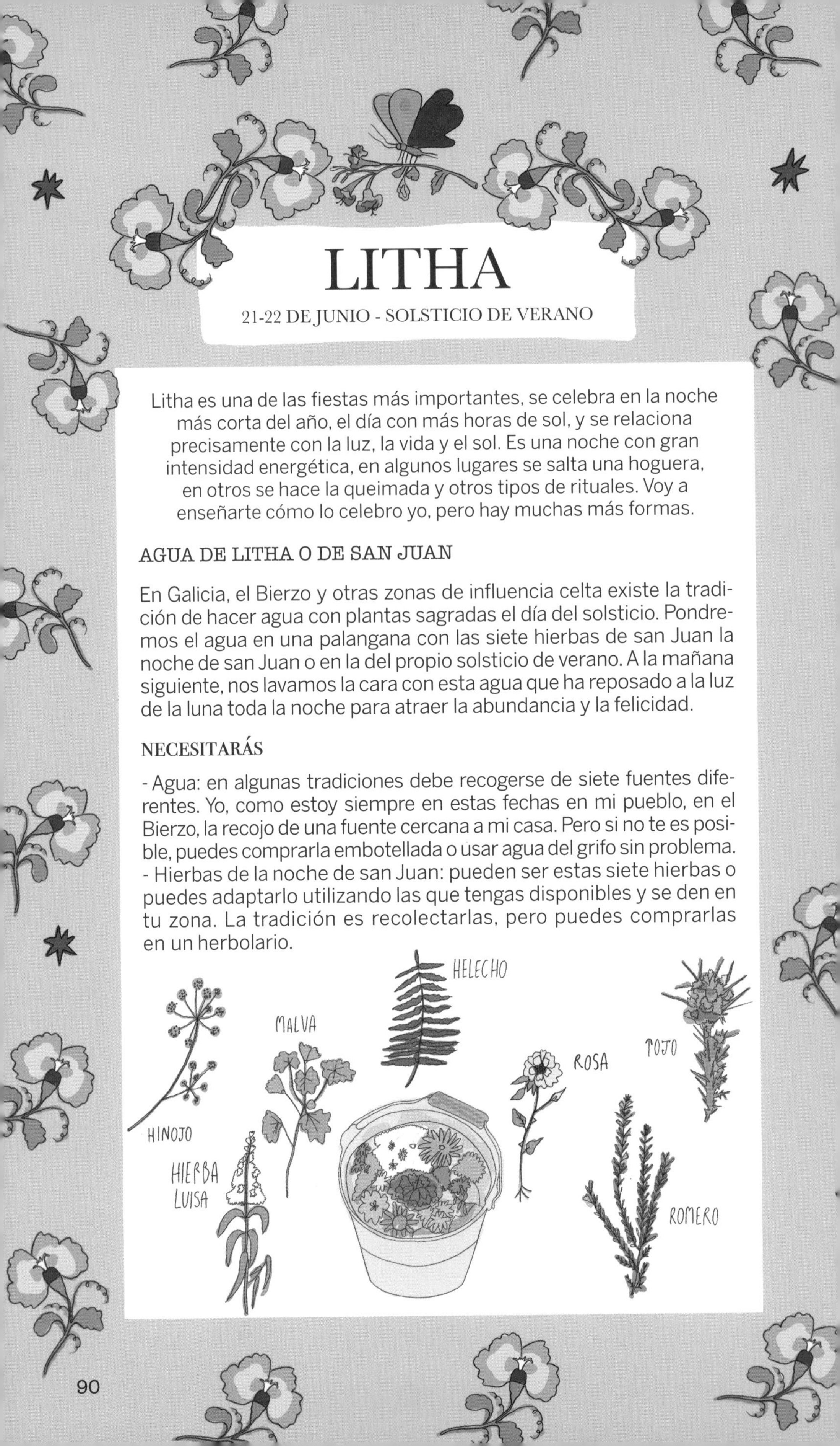


# LITHA

21-22 DE JUNIO - SOLSTICIO DE VERANO

Litha es una de las fiestas más importantes, se celebra en la noche más corta del año, el día con más horas de sol, y se relaciona precisamente con la luz, la vida y el sol. Es una noche con gran intensidad energética, en algunos lugares se salta una hoguera, en otros se hace la queimada y otros tipos de rituales. Voy a enseñarte cómo lo celebro yo, pero hay muchas más formas.

## AGUA DE LITHA O DE SAN JUAN

En Galicia, el Bierzo y otras zonas de influencia celta existe la tradición de hacer agua con plantas sagradas el día del solsticio. Pondremos el agua en una palangana con las siete hierbas de san Juan la noche de san Juan o en la del propio solsticio de verano. A la mañana siguiente, nos lavamos la cara con esta agua que ha reposado a la luz de la luna toda la noche para atraer la abundancia y la felicidad.

## NECESITARÁS

- Agua: en algunas tradiciones debe recogerse de siete fuentes diferentes. Yo, como estoy siempre en estas fechas en mi pueblo, en el Bierzo, la recojo de una fuente cercana a mi casa. Pero si no te es posible, puedes comprarla embotellada o usar agua del grifo sin problema.
- Hierbas de la noche de san Juan: pueden ser estas siete hierbas o puedes adaptarlo utilizando las que tengas disponibles y se den en tu zona. La tradición es recolectarlas, pero puedes comprarlas en un herbolario.

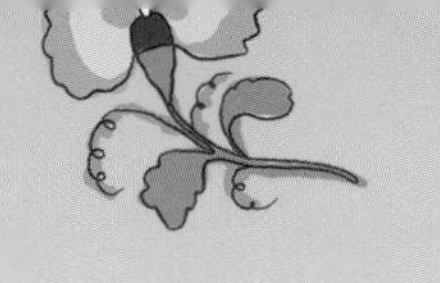

## CORRESPONDENCIAS DE LITHA

Elementos característicos de la fiesta con los que puedes trabajar, decorar tu altar o tu fiesta.

**GIRASOLES**

Los girasoles representan al sol. Puedes utilizarlos para decorar tu espacio mágico o tu fiesta.

**PALABRAS CLAVE**

Fertilidad
Renovación
Vida
Fuego
Poder
Belleza

**INTENCIÓN MÁGICA**

Vigor
Fertilidad

**HIERBAS**

Helecho
Hierba de san Juan
Tomillo
Salvia

**ÁRBOLES**

Higuera
Melocotonero
Ciruelo

**COLORES**

Amarillo
Dorado
Blanco
Naranja

**PIEDRAS**

Diamante
Citrino
Ojo de tigre
Ámbar

**TAROT**

El Sol
El Loco
Reina de Oros

**SÍMBOLOS Y ELEMENTOS**

Hoguera
Luz
Sol
Velas blancas
Velas amarillas
Abundancia
Recolectar hierbas
Helios
Hidromiel
Queimada

**ANIMALES**

Toro
Caballo
Gorrión
Águila
Mariposa

***DRESS CODE***

Lo ideal es vestir de blanco y tonos cálidos como el amarillo, joyas de oro y flores amarillas que hacen referencia al sol.

Para elaborar velas, sales o decoraciones de Litha ten presente las indicaciones que te di en Beltane, pero con las correspondencias de Litha.
En la página 94 te cuento mi ritual favorito, la queimada, un ritual típico de Galicia y el Bierzo, que se suele realizar en el solsticio de verano y en ocasiones especiales.

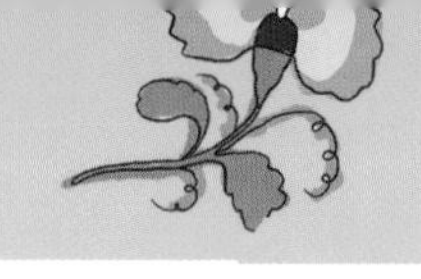
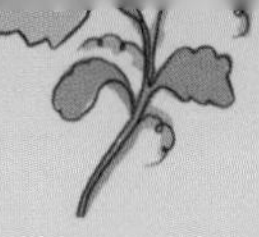
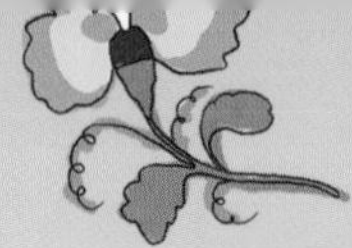

# RECETAS PARA TU FIESTA DE LITHA

Estas son algunas recetas típicas de esta fiesta. Puedes prepararlas con tus invitadas o servírselas a su llegada. Lo ideal es hacer un pícnic o celebrarla en un jardín.

## TÉ DE LITHA

### INGREDIENTES

- Té negro
- Menta fresca
- Azúcar
- Frambuesas

### PREPARACIÓN

Mezclar todos los ingredientes y dejar infusionar. Consumir con hielo como bebida fría durante el día, o caliente cuando anochezca para entrar en calor.

## COCA DE VERDURAS DE LITHA

### INGREDIENTES (12 personas)

- Masa para coca (brisa)
- Cebollas tiernas
- Un manojo de acelgas
- Pimiento rojo
- Tomate
- Ajo
- Pimentón
- Sal

### PREPARACIÓN

- Limpia y prepara todas las verduras en tiras, deja los dientes de ajo enteros, si te gustan asados, o pícalos más finos, si lo prefieres sin tanto sabor.
- Pincha la masa brisa con un tenedor para que no se infle, echa un chorrito de aceite de oliva sobre ella y coloca todas las verduras de la manera que más te guste. Si cruzas unos colores con otros en diagonal queda muy bonita.
- Hornea a 180 ºC durante unos 30 minutos.

Truco: Para que la masa quede crujiente, horméala unos 5 minutos antes de incorporar las verduras y después procede a colocarlas.

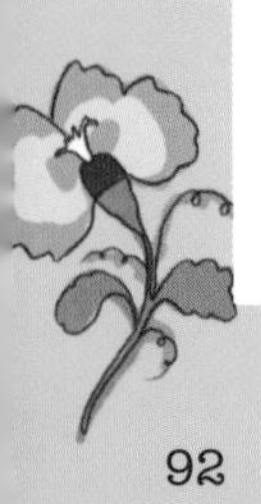

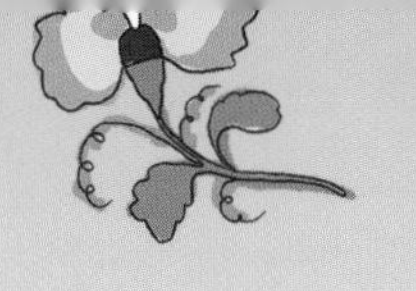
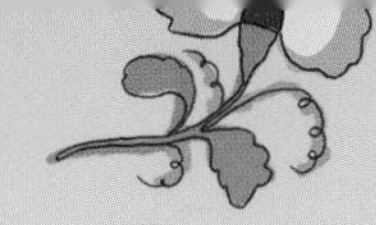

# HECHIZO DE LITHA: PIDE UN DESEO A UN HADA

Para dar por finalizada la fiesta, puedes realizar este hechizo con tus invitadas. También lo puedes hacer sola en tu altar.

**NECESITARÁS**

- Una vela blanca
- Caja pequeña de madera
- 3 hojas de laurel y 3 dientes de león

**PROCEDIMIENTO**

Escribe una carta a las hadas con un deseo bueno para ti y tu crecimiento espiritual; es importante que el deseo sea de intención pura. Mete en la cajita todos los elementos (puedes añadir elementos que tengan relación con tu deseo, como cuarzos u otras plantas) y pide a las hadas que cumplan tu deseo. Conserva la cajita hasta que se cumpla. El tiempo de las hadas es diferente al nuestro, por lo que puede pasar mucho tiempo hasta que se cumpla tu deseo.

# VELAS DE LITHA

Aunque se pueden vestir las velas con algunas de las plantas de la lista de correspondencias de Litha, una vela muy apropiada para esta fiesta es la vela de miel que vimos en el capítulo 3, pues se relaciona con el sol y la abundancia.

# BAÑO RITUAL DE LITHA

Puedes regalar a tus invitadas un frasquito de estas sales al final de la fiesta, o puedes elaborarlas para ti, si celebras la fiesta en solitario.

**MEZCLA EN TU MORTERO Y DEJA A LA LUZ DE LA LUNA LLENA LOS SIGUIENTES INGREDIENTES**

- Azúcar
- 3 gotas de aceite esencial de limón
- 3 gotas de aceite esencial de naranja
- Rodajas secas de cítricos
- Sal gorda marina
- Un vasito de agua solar

Salir de la bañera después de darse un baño y, sin aclarar, secar a toquecitos. Este baño sirve para potenciar la energía del sol, cargarnos de ella y sentirnos revitalizadas, además de limpiarnos energéticamente.

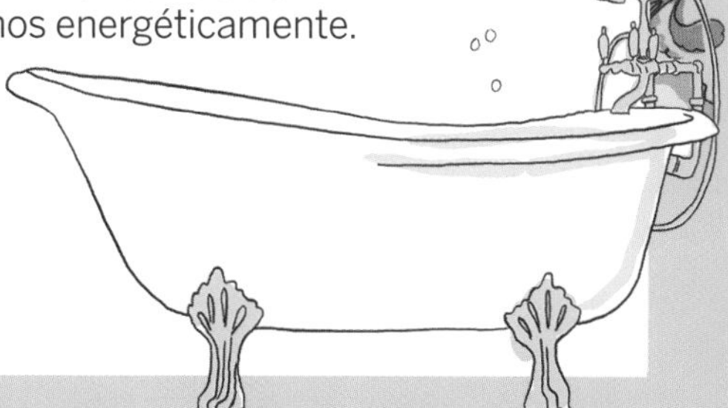

# QUEIMADA

En el Bierzo y Galicia una de las tradiciones más populares para hacer en la noche del solsticio es una queimada. Se trata de la lectura de un conjuro mientras se elabora un aguardiente con azúcar, limón y café, que más tarde se comparte. Se suele emplear un recipiente especial de barro que va acompañado de tazas y un cucharón de barro también, que se usa solamente para este ritual. Mientras una persona realiza la queimada, otra recita el conjuro.

**INGREDIENTES**

- Orujo
- 100 g de azúcar
- Corteza de 1/2 limón
- 7 granos de café

**PROCEDIMIENTO**

1. Se meten todos los ingredientes en el recipiente de barro anteriormente mencionado.
2. Se pone en el cucharón un poco de orujo con azúcar y se le planta fuego. Se remueve sin tocar el fondo y se pasa el fuego de un recipiente a otro.
3. Se va cogiendo el azúcar del fondo y se va acercando a las llamas, de forma que va caramelizando y el orujo va cambiando de color.
4. Continúa así hasta que las llamas adquieran un color azulado. Puedes o bien apagar la queimada o esperar a que se consuma por completo. En este caso se habrá consumido todo el alcohol y simplemente quedará agua dulce con algo de sabor a café y limón. La verdadera queimada se consigue si la apagas antes; lo ideal es que arda más o menos durante 15 minutos.

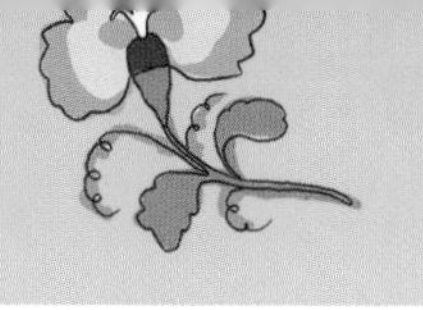
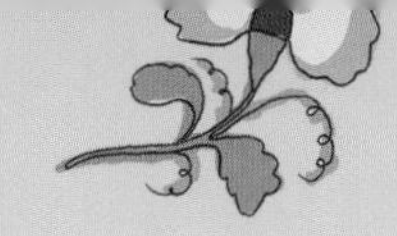

*CONXURO*

Mouchos, coruxas, sapos e bruxas;
demos, trasnos e diaños;
espíritos das nevoadas veigas,
corvos, píntigas e meigas;
rabo ergueito de gato negro
e todos os feitizos das manciñeiras...
Podres cañotas furadas,
fogar de vermes e alimañas,
lume da Santa Compaña,
mal de ollo, negros meigallos;
cheiro dos mortos, tronos e raios;
fuciño de sátiro e pé de coello;
ladrar de raposo, rabiño de martuxa,
oubeo de can, pregoeiro da morte...
Pecadora lingua de mala muller
casada cun home vello;
Averno de Satán e Belcebú,
lume dos cadavres ardentes,
lumes fatuos da noite de San Silvestre,
corpos mutilados dos indecentes,
e peidos dos infernais cus...
Bruar da mar embravecida,
agoiro de naufraxios,
barriga machorra de muller ceibe,
miañar de gatos que andan á xaneira,
guedella porca de cabra mal parida
e cornos retortos de castrón...
Con este cazo
levantarei as chamas deste lume
que se asemella ao do inferno
e as meigas ficarán purificadas
de tódalas súas maldades.
Algunhas fuxirán
a cabalo das súas escobas
para iren se asulagar
no mar de Fisterra.
Ouvide! Escoitade estos ruxidos...!
Son as bruxas que están a purificarse
nestas chamas espiritosas...
E cando este gorentoso brebaxe
baixe polas nosas gorxas,
tamen todos nós quedaremos libres
dos males da nosa alma
e de todo embruxamento.
Forzas do ar, terra, mar e lume!
A vós fago esta chamada:
se é verdade que tendes máis poder
ca humana xente,
limpade de maldades a nosa terra
e facede que aquí e agora
os espiritos dos amigos ausentes
compartan con nós esta queimada.

# LAMMAS

1 DE AGOSTO

### LAMMAS O LUGHNASADH

Se celebra la maduración de la cosecha, en especial de los cereales. Proviene de la festividad pagana donde se agradecía a los dioses las cosechas obtenidas. Estos frutos servirán como preparación del otoño que se acerca.

## DECORA TU ALTAR: MUÑECAS DE TRIGO

La fabricación de muñecas con cereales es algo común a muchas culturas. También se llaman diosas del grano o reinas de la cosecha.

**NECESITARÁS**

- 30 espigas de trigo
- Hilo de cáñamo o algodón
- Tijeras

**PROCEDIMIENTO**

1. Atar cabeza
2. Separar brazos
3. Trenzar brazos
4. Atar cintura
5. Vestir (opcional)

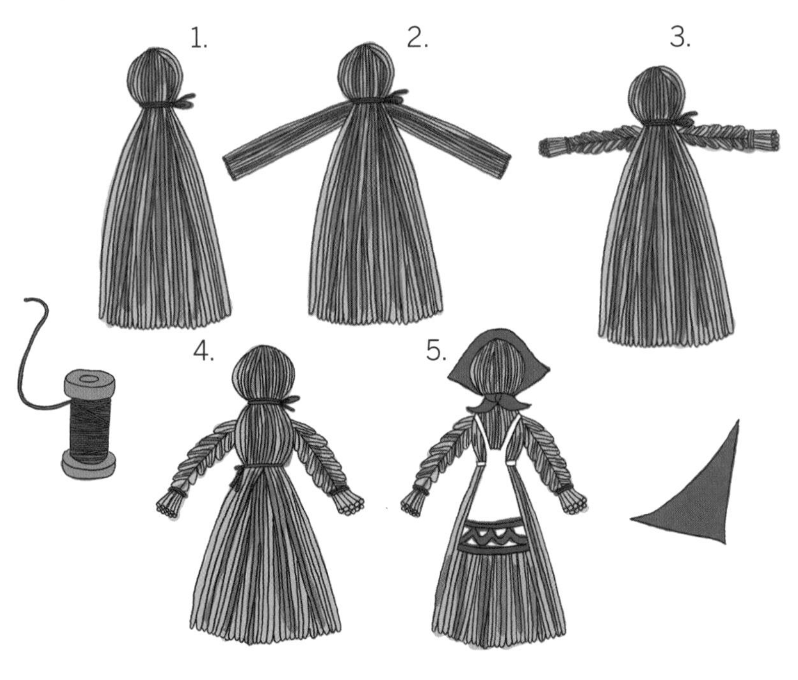

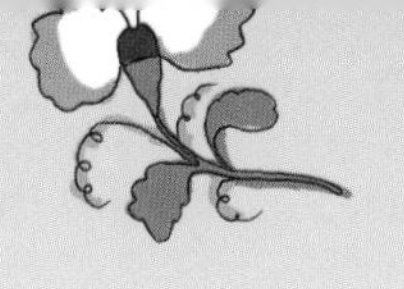
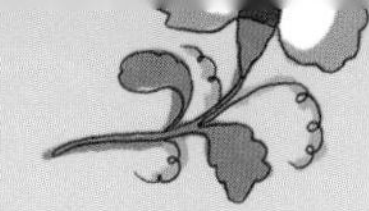

## CORRESPONDENCIAS DE LAMMAS

Elementos característicos de la fiesta con los que puedes trabajar, decorar tu altar o tu fiesta.

**PALABRAS CLAVE**

Cosecha
Trabajo
Descanso

**INTENCIÓN MÁGICA**

Agradecimiento
Abundancia
Economía
Crecimiento
Transformación
Fuerza
Protección
Ancestros

**HIERBA**

Sándalo
Verbena
Romero
Trigo
Maíz

**COLORES**

Marrón claro
Beige
Crudo
Bronce
Naranja

**ANIMALES**

Cuervo
Cerdo
Gallo

**TAROT**

El Carro
La Rueda de la Fortuna

**PIEDRAS**

Citrino
Topacio dorado
Ágata musgosa
Obsidiana
Aventurina amarilla
Carnelia
Ónix

**SÍMBOLOS Y ELEMENTOS**

Trigo
Maiz
Cornucopia
Pan
Grano
Tierra
Rueda
Carro

**FLORES**

Amapola
Peonía
Rosa

**DEIDADES**

Artemisa
Ceres
Hathor

***DRESS CODE***

Lo ideal es vestir de colores y si hace algo de frío utilizar algodón, lana y otras fibras naturales (depende de la región donde estés). En cuanto al pelo, trenzas y, también, puedes hacer una corona de espigas de trigo en esta ocasión para decorar tu pelo, actividad que podéis hacer en la propia fiesta de Lammas.

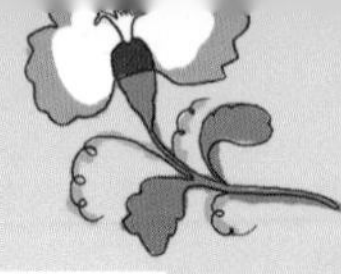

# RECETAS PARA TU FIESTA DE LAMMAS

Estas son algunas recetas típicas de esta fiesta. Puedes prepararlas con tus invitadas o servírselas a su llegada. Lo ideal es hacer un pícnic o celebrarla en un jardín.

## CÓCTEL DE LAMMAS

### INGREDIENTES

- Una botella de sidra
- Vino tinto
- Canela en rama
- Una manzana

### PREPARACIÓN

Vierte 750 ml de sidra en un tarro con la canela y la mitad de la manzana en trozos. Deja que macere durante 10 días.
Una vez transcurrido el tiempo, filtra la mezcla, ponla en la botella y añade 100 ml de vino tinto. Sirve templado, caliente o frío, al gusto.

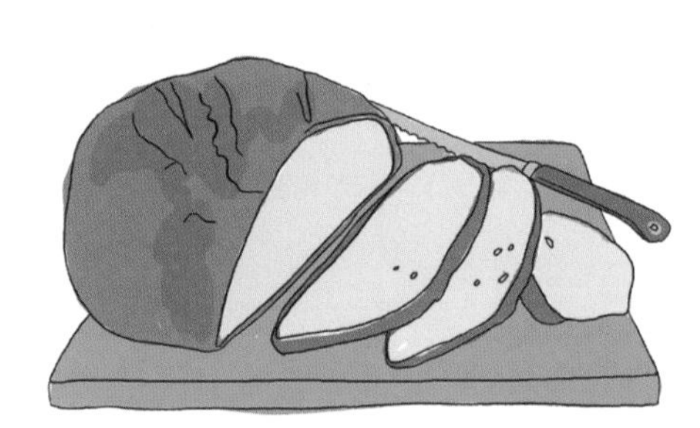

## PAN DE LAMMAS

### INGREDIENTES

- 500 g de harina
- 325 ml de agua
- 15 g de levadura de panadería
- 10 g de sal
- 10 g de azúcar
- 45 ml de AOVE

### PREPARACIÓN

- Pon agua templada en un bol grande y añade la levadura y el azúcar, integramos.
- Añade el aceite y la mitad de la harina, remueve hasta que no queden grumos y deja reposar 20 minutos, tapando el bol con un trapo.
- Añade el resto de la harina, la sal y mezcla hasta que quede una masa espesa. Espolvorea una superficie con harina, engrasa tus manos con aceite y amasa dándole forma de bola un poco aplanada. Después, realiza dos cortes transversales con un cuchillo.
- Unta un bol grande con aceite y pon el pan en la bandeja de horno engrasada.
- Hornea durante 45 minutos a 200 ºC.

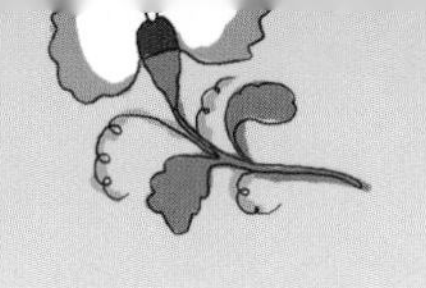
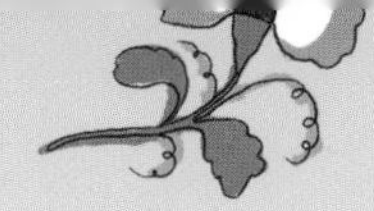

## HECHIZO DE LAMMAS

Haremos un polvo para hechizos cargado de la energía de esta fiesta. Podremos usarlo todo el año para las intenciones de las correspondencias de Lammas.

### NECESITARÁS

- Mortero
- 3 cucharadas de verbena
- 3 cucharadas de pétalos de rosas
- 3 cucharadas de pétalos de caléndula
- 1 cucharada de sándalo en polvo

### PROCEDIMIENTO

Mezcla todos los ingredientes en el mortero y déjalo en tu altar durante Lammas, puedes cargarlo también con la luz de la luna. Guarda la mezcla en frascos de vidrio para utilizarla a lo largo del año.

## VELAS DE LAMMAS

Viste las velas (en la página 33 explico cómo) con los siguientes ingredientes:

- Verbena
- Caléndula
- Rosa
- Granos de trigo molido

## BAÑO RITUAL DE LAMMAS

Puedes regalar a tus invitadas un frasquito de estas sales al final de la fiesta, o puedes elaborarlas para ti, si celebras la fiesta en solitario.

### MEZCLA EN TU MORTERO Y DEJA A LA LUZ DE LA LUNA LLENA LOS SIGUIENTES INGREDIENTES

- Pétalos de rosa
- Caléndula
- Verbena
- Maicena (1 cucharadita)
- Sal gorda ritualizada
- 1 gota de aceite de romero

Salir de la bañera después de darse un baño y, sin aclarar, secar a toquecitos. Este baño sirve para agradecernos a nosotras mismas nuestra fortaleza interior y pedir seguir creciendo y siendo cada día más fuertes.

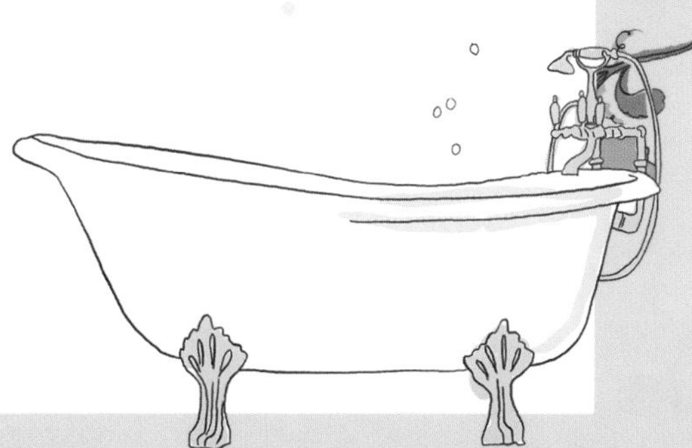

# MABON

EQUINOCCIO DE OTOÑO

Se trata de la segunda fiesta de la cosecha, que coincide con el equinoccio de otoño. En esta fiesta, las manzanas son sagradas. Las manzanas se relacionan con la magia, la brujería y con Perséfone.

DECORA TU ALTAR

## CORONA DE OTOÑO

**NECESITARÁS**

- Ramitas
- Hojas secas
- Cuerda de algodón o cálamo
- Piñas y frutos secos
- Aro metálico

**PROCEDIMIENTO**

Ve tejiendo con el hilo los distintos elementos alrededor de la corona, primero los más grandes y luego los demás, rellenando los huecos.

## ESCOBA DE BRUJA

**NECESITARÁS**

- Ramitas
- Cordón
- Un palo

**PROCEDIMIENTO**

Ve a dar una vuelta al jardín y pide permiso a la natulareza para recoger los diferentes elementos.
Ata las ramitas alrededor del palo y úsalo para limpiar tu altar siempre que lo necesites.
También puedes usarlo como amuleto protector de tu espacio mágico.

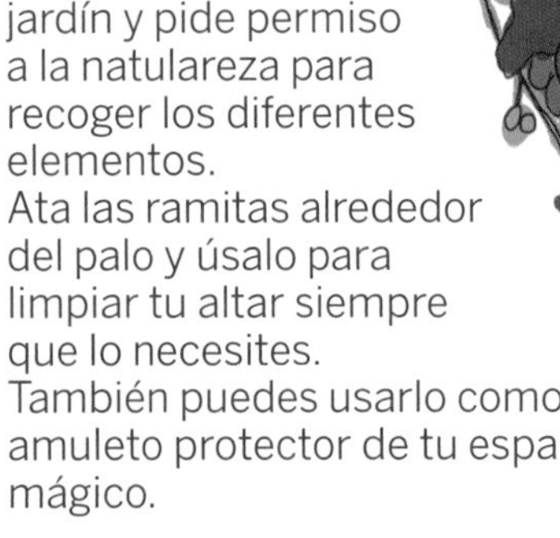

## CORRESPONDENCIAS DE MABON

Elementos característicos de la fiesta con los que puedes trabajar, decorar tu altar o tu fiesta.

**PALABRAS CLAVE**

Cosecha
Otoño
Equinoccio
Cestas

**INTENCIÓN MÁGICA**

Cambios
Gratitud
Preparación
Sabiduría
Riqueza
Estudio

**HIERBAS**

Salvia
Mirto
Albahaca
Nuez moscada

**COLORES**

Marrón
Ocre
Amarillo
Naranja
Rojo

**ANIMALES**

Mirlo
Búho
Ardilla
Lobo

**TAROT**

La Emperatriz
El Colgado
El Mundo

**PIEDRAS**

Zafiro
Lapislázuli
Ambar
Ojo de tigre
Cuarzo ahumado
Hematita
Aventurina

**SÍMBOLOS Y ELEMENTOS**

Manzanas
Pan
Hojas secas
Ramas
Setas
Cornucopia
Tarta de manzana
Piñas
Frutos secos

**DEIDADES**

Thor
Morgan
Perséfone
Deméter

**FLORES**

Crisantemo
Caléndula

***DRESS CODE***

Lo ideal es vestir de colores marrones, otoñales, y hacer broches o decoraciones con frutos secos u hojas secas. Añade detalles de cuero marrón, botas y lana.

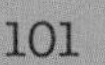

# RECETAS PARA TU FIESTA DE MABON

Estas son algunas recetas típicas de esta fiesta. Puedes prepararlas con tus invitadas o servírselas a su llegada. Lo ideal es hacer un pícnic o celebrarla en un jardín.

## TÉ DE MABON (para una persona)

### INGREDIENTES

- Té rojo (15 g)
- Naranja confitada (3 rodajas)
- 1 canela en rama
- 2 estrellas de anís

### PREPARACIÓN

Infusionar en agua casi hirviendo durante 4 minutos, filtrar y beber caliente.

## MANZANAS ASADAS DE MABON

### INGREDIENTES

- Manzanas
- Miel
- Nueces
- Orejones
- Canela
- Anís estrellado

### PREPARACIÓN

- Engrasa la bandeja de horno con un poco de mantequilla.
- Vacía las manzanas quitándoles la parte del rabito y el corazón, dejando bastante carne alrededor.
- Introduce los ingredientes en la manzana y coloca parte de ellos en la bandeja y sobre el exterior de la manzana para decorar.
- Deja hornear 40 minutos a 180 ºC, el tiempo dependerá del tipo de manzana. Ve vigilando hasta que se ponga blandita la carne de la fruta y comience a soltar azúcar.
- Consumir calentita; se puede acompañar con helado de vainilla, nata o tomar sola.

# HECHIZO DE MABON

Haremos un tarrito protector con ingredientes característicos de la estación, para que la economía fluya.

### NECESITARÁS

- Un tarro pequeño de vidrio
- 3 cucharadas de salvia
- 3 cucharadas de albahaca
- 1 cucharadita de canela en polvo
- 1 cucharadita de palo santo en viruta
- Cera de color verde (1 vela pequeña)

### PROCEDIMIENTO

Piensa en la abundancia que estás atrayendo y echa los ingredientes en el tarrito mientras lo sujetas con tu mano (lee el capítulo 10, ahí te hablo sobre los hechizos en bote) y séllalo con cera verde.

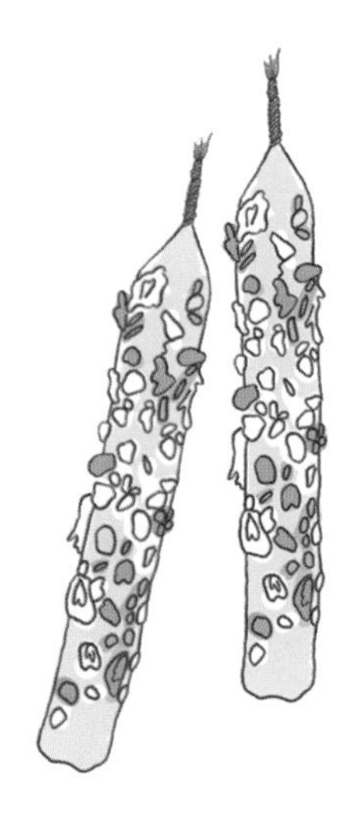

# VELAS DE MABON

Viste las velas (en la página 33 explico cómo) con los siguientes ingredientes:

- Palo santo en viruta
- Salvia
- Canela
- Manzana seca en trocitos

# BAÑO RITUAL DE MABON

Puedes regalar a tus invitadas un frasquito de estas sales al final de la fiesta, o puedes elaborarlas para ti si celebras la fiesta en solitario.

### MEZCLA EN TU MORTERO Y DEJA A LA LUZ DE LA LUNA LLENA LOS SIGUIENTES INGREDIENTES

- Salvia
- 1 gota de aceite esencial de albahaca
- 3 gotas de aceite de oliva
- Sal gorda
- 1 tapón de agua florida

Salir de la bañera después de darse un baño y, sin aclarar, secar a toquecitos. Este baño sirve para trabajar la abundancia y la prosperidad económica.

# SAMHAIN

31 DE OCTUBRE

La fiesta de Samhain marca el origen de Halloween, la noche de las brujas y el día en el que el velo entre el mundo de los vivos y el mundo de los difuntos es más fino. Se trata de un día y, especialmente, una noche para honrar a los difuntos y uno de los *sabbats* con la energía más potente. Además, en la cultura popular se relaciona directamente con las brujas.

DECORA TU ALTAR

## CALABAZA DE SAMHAIN

### NECESITARÁS

- Una calabaza
- Un cuchillo
- Una cuchara
- Una vela de té

### PROCEDIMIENTO

Lo primero es cortar de manera circular la tapa superior de la calabaza (donde está el rabito). Una vez retirada la tapa, lo segundo que hay que hacer es vaciar su interior todo lo posible, hasta dejarla hueca, y así poder usarla de linterna la noche del 31. Por último, con un lápiz se trazan los ojos, la nariz y la boca, y con el cuchillo se repasan esos huecos con forma de cara para que pueda pasar la luz.

## CORRESPONDENCIAS DE SAMHAIN

Elementos característicos de la fiesta con los que puedes trabajar, decorar tu altar o tu fiesta.

**PALABRAS CLAVE**

Muerte
Brujas
Renacimiento

**INTENCIÓN MÁGICA**

Sacrificio
Sombras
Decisiones
Adivinación
Mediumnidad
Limpieza

**HIERBAS**

Pachuli
Copal
Sándalo
Palo santo

**COLORES**

Negro
Naranja
Gris
Blanco

**ANIMALES**

Gato
Murciélago
Araña

**TAROT**

La Muerte
El Ermitaño

**PIEDRAS**

Cuarzo blanco
Turmalina
Ónix
Pirita
Ópalo
Rubí
Diamante
Cuarzo ahumado

**SÍMBOLOS Y ELEMENTOS**

Calabaza
Muerte
Gato negro
Caldero
Calavera
Noche

**DEIDADES**

Hécate
Freya
Lilith
Perséfone

**FLORES**

Crisantemo

***DRESS CODE***

Lo ideal es vestir de colores oscuros, y es el momento idóneo para disfrazarse de bruja, vampiro, fantasma…, tal como marca la tradición de Halloween. En esta fiesta anglosajona los niños van a pedir caramelos llamando a las puertas de los vecinos y diciendo «Truco o trato». En otras culturas, como la mexicana o la española, se celebra al día siguiente el Día de Muertos y el Día de Todos los Santos, respectivamente, para honrar a los familiares fallecidos.

# RECETAS PARA TU FIESTA DE SAMHAIN

Estas son algunas recetas típicas de esta fiesta. Puedes cocinarlas con tus invitadas o servírselas a su llegada. Lo ideal es hacer un pícnic o celebrarla en un jardín.

## VERSIÓN VEGANA DE LAMB'S WOOS
(bebida tradicional de Samhain)

### INGREDIENTES

- 1 litro de bebida vegetal de avena
- Manzana asada
- Azúcar moreno
- Varilla de vainilla
- 1 rama de canela
- Piel de una naranja
- 3 clavos

### PREPARACIÓN

Calienta la bebida vegetal con todos los ingredientes hasta que coja sabor. Filtra y sirve calentita.

## CREMA DE CALABAZA ESPECIADA

### INGREDIENTES

- 1 calabaza
- 1 cebolla
- 2 patatas pequeñas
- Caldo de verduras
- 1 chorrito de AOVE
- Especias (canela, pimienta y nuez moscada)

### PREPARACIÓN

- En una cazuela pon a rehogar la calabaza picada en dados, la cebolla picada y la patata durante 5 minutos.
- Cuando veas que la mezcla está blanda, añade el caldo y deja cocer durante una hora, aproximadamente.
- Añade la pimienta, la canela y la nuez moscada.
- Decora con pipas de calabaza.

# HECHIZO DE SAMHAIN

### ALTAR A TUS DIFUNTOS

Haremos un ejercicio para honrar a nuestros ancestros inspirado en los altares mexicanos del Día de Muertos. Sitúa en tu espacio mágico fotos de tus familiares fallecidos, junto a algunos elementos que a ellos les gustaran (comida, objetos...). Escríbeles una carta y enciende una vela blanca en su memoria.

### ADIVINACIÓN

En esta noche tan señalada, también puedes practicar la adivinación, el tarot... Tienes más información y detalles de cómo hacerlo en el capítulo 9.

# VELAS DE SAMHAIN

Viste las velas (en la página 33 explico cómo) con los siguientes ingredientes:

- Palo santo en viruta
- Sal negra (receta en p. 184)
- Pachuli seco
- Clavo de olor
- Una vela blanca o negra

# BAÑO RITUAL DE SAMHAIN

Puedes regalar a tus invitadas un frasquito de estas sales al final de la fiesta, o puedes elaborarlas para ti, si celebras la fiesta en solitario.

### MEZCLA EN TU MORTERO Y DEJA A LA LUZ DE LA LUNA LLENA LOS SIGUIENTES INGREDIENTES

- 1 clavo de olor
- 1 gota de aceite esencial de pachuli
- Sal gorda
- 1 tapón de agua florida

Salir de la bañera después de darse un baño y, sin aclarar, secar a toquecitos. Este baño sirve para limpiar energéticamente y trabajar tu parte espiritual.

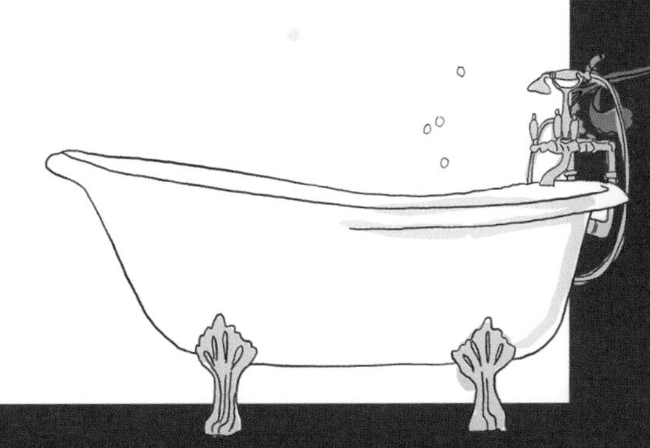

# YULE

SOLSTICIO DE INVIERNO

Yule es la celebración del solsticio de invierno. En ella, los antiguos paganos pedían al sol que volviera, ya que se trata de la noche más larga del año. Es una noche de recogimiento, gratitud y donde se encienden velas en honor al sol. Muchas de las actuales tradiciones de Navidad, como la corona de adviento, provienen de la festividad pagana de Yule.

DECORA TU ALTAR

## TRONCO DE YULE

**PROCEDIMIENTO**

El tronco de Yule se hace un mes antes de Yule y esos días antes de que llegue la festividad vamos consumiendo las velas. La noche del solsticio se quema el tronco en la chimenea para celebrar la luz y pedir que los días sean cada vez más luminosos.

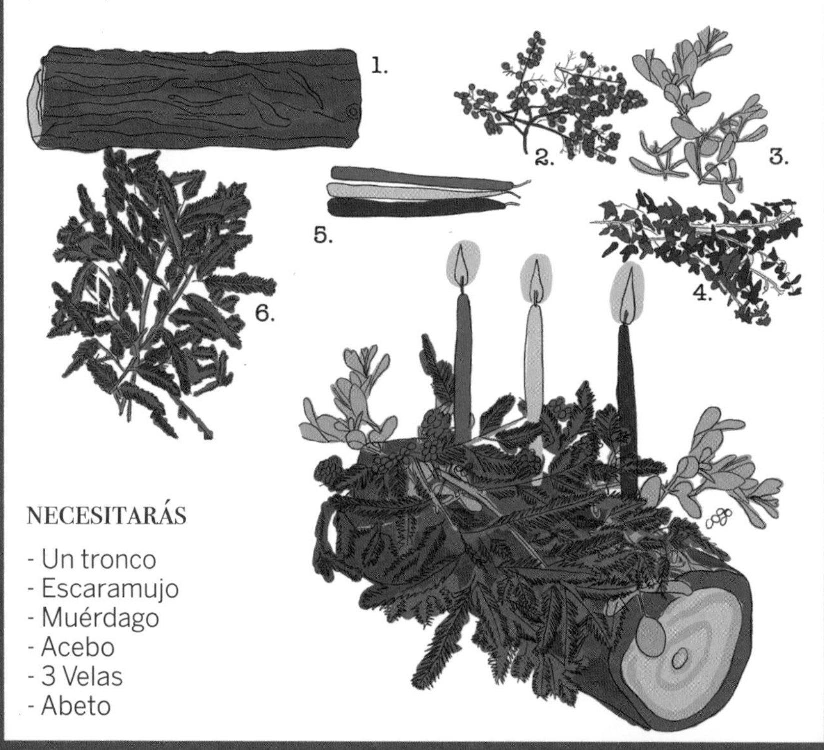


**NECESITARÁS**

- Un tronco
- Escaramujo
- Muérdago
- Acebo
- 3 Velas
- Abeto

## CORRESPONDENCIAS DE YULE

Elementos característicos de la fiesta con los que puedes trabajar, decorar tu altar o tu fiesta.

**PALABRAS CLAVE**

Empatía
Nacimiento
Silencio

**INTENCIÓN MÁGICA**

Sabiduría
Ciclos
Desafío
Familia
Celebración
Estudio
Reflexión

**HIERBAS**

Cardamomo
Canela
Clavo
Azafrán
Hiedra

**COLORES**

Verde oscuro
Marrón
Rojo
Dorado
Plateado

**ANIMALES**

Reno
Oso
Caballo

**TAROT**

El Mago
El Mundo
Oros

**PIEDRAS**

Ágata musgosa
Amatista
Ónix
Tanzanita
Turquesa

**SÍMBOLOS Y ELEMENTOS**

Candelabro
Pinos
Troncos
Adornos
Muérdago
Bizcochos
Cítricos
Té
Dulces
Campanas
Cascabeles

**DEIDADES**

Deméter
Brigid
Odín

**FLORES**

Flor de pascua
Lirio

***DRESS CODE***

Lo ideal es vestir con prendas elegantes, con tus mejores galas. Los tonos beis, blanco, rojo y verde son los típicos de esta fiesta, pero es cierto que si todas nos vestimos con estos colores para la ocasión, parecería que estamos en Villa Quién (*El Grinch*). ¡Así que con ir elegantes es suficiente!

# RECETAS PARA TU FIESTA DE YULE

Estas son algunas recetas típicas de esta fiesta. Puedes prepararlas con tus invitadas o servírselas a su llegada. Lo ideal es hacer un pícnic o celebrarla en un jardín.

## CHOCOLATE ESPECIADO

### INGREDIENTES

- Cardamomo
- Canela
- Clavo
- Cacao en polvo
- Leche de avena

### PREPARACIÓN

Remueve a fuego lento la leche de avena (o tu bebida vegetal favorita) e incorpora las especias a tu gusto. Tomar calentito y adornar con nata y cacao.

## TRONCO DE YULE

### INGREDIENTES

Bizcocho:
- 4 huevos
- 100 g de harina
- 100 g de azúcar
- 1/2 cucharadita de extracto de vainilla
- 1 pizca de sal

Relleno:
- 150 ml de nata
- 1 tableta de chocolate negro

### PREPARACIÓN

- Para el relleno calienta la nata a fuego alto y después añade el chocolate a fuego bajo hasta que se funda.
- Precalienta el horno a 180 °C.
- Bate los huevos con el azúcar hasta que estén a punto de nieve.
- Añade la harina tamizada y la sal con un movimiento ligero y envolvente. Coloca la mezcla en la bandeja de horno previamente engrasada y hornea durante 10 minutos.
- Extiende el relleno y enrolla en forma de tronco.
- Decora con la cobertura de chocolate sobrante, y con ayuda de un tenedor dibuja líneas quebradas imitando la corteza de un tronco. También puedes decorarlo con frutas del bosque u otros elementos propios de la estación.

# HECHIZO DE YULE

Haremos un polvo para hechizos cargado de la energía de esta fiesta. Podremos usarlo todo el año para las intenciones de las correspondencias de Yule.

### NECESITARÁS

- Mortero
- Pino
- Cardamomo
- Canela
- Clavo
- Cacao en polvo

### PROCEDIMIENTO

Mezcla todos los ingredientes en el mortero y déjalo en tu altar durante las fiestas de Yule; puedes cargarlo también con la luz de la luna. Guarda la mezcla en frascos de vidrio para utilizarla a lo largo del año.

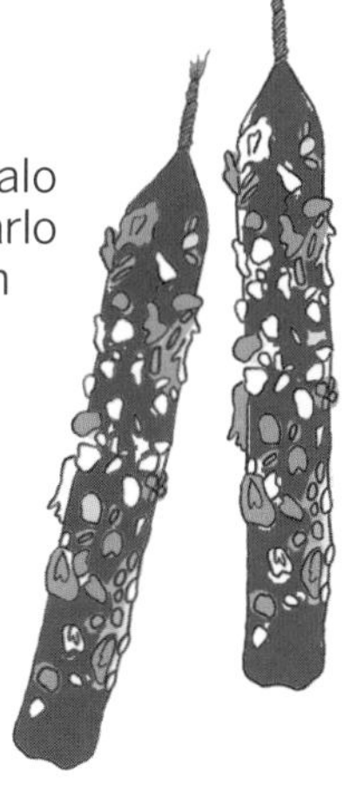

# VELAS DE YULE

Viste las velas (en la página 33 explico cómo) con los siguientes ingredientes:

- Cardamomo
- Canela
- Clavo
- Cacao en polvo

# BAÑO RITUAL DE YULE

Puedes regalar a tus invitadas un frasquito de estas sales al final de la fiesta, o puedes elaborarlas para ti, si celebras la fiesta en solitario.

### MEZCLA EN TU MORTERO Y DEJA A LA LUZ DE LA LUNA LLENA LOS SIGUIENTES INGREDIENTES

- Pétalos de rosa
- Caléndula
- Verbena
- Maicena (1 cucharadita)
- Sal gorda ritualizada
- 1 gota de aceite de romero

Salir de la bañera después de darse un baño y, sin aclarar, secar a toquecitos. Este baño sirve para cargarnos de fuerza y magia para comenzar con energía el año que está al llegar en pocos días.

# IMBOLC

1 DE FEBRERO

Se trata de una fiesta asociada con la fertilidad y la luz. En el calendario cristiano se relaciona con santa Brígida y con la Candelaria. Se asocia con la llegada del periodo de lactancia de las ovejas y con la diosa Brigid.

## LA CRUZ DE BRIGID

La cruz de Brigid es uno de los símbolos más importantes de esta fiesta. Utilízala para decorar tu altar durante Imbolc, y cuando pase la festividad, déjala detrás de la puerta de tu casa o habitación hasta el próximo Imbolc como símbolo de protección. Una vez pasado el año, sustituye la cruz por una nueva y quema la vieja.

## PROCEDIMIENTO

Para hacer la cruz de Brigid sigue los pasos, por orden alfabético, que verás a continuación. Puedes hacerla con papel o con fibras vegetales.

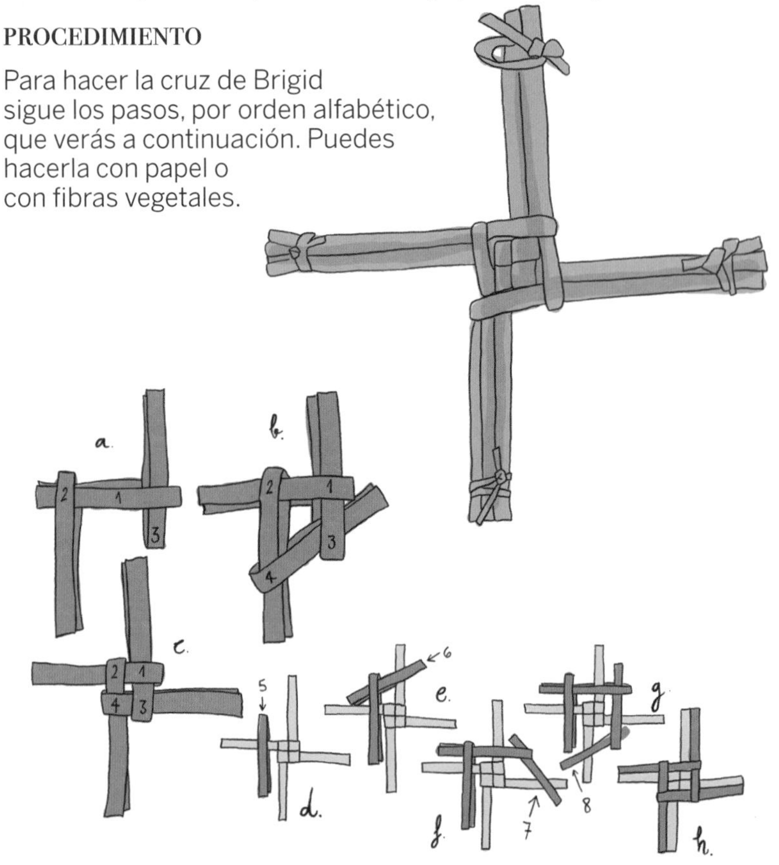

## CORRESPONDENCIAS DE IMBOLC

Elementos característicos de la fiesta con los que puedes trabajar, decorar tu altar o tu fiesta.

**PALABRAS CLAVE**

Despertar
Comienzos
Cambios
Transición
Inocencia
Paciencia

**INTENCIÓN MÁGICA**

Proyección astral
Renacimiento
Nacimiento
Limpieza
Protección
Juventud

**FLORES**

Iris
Flor de la leche
Narciso
Rowan

**HIERBAS**

Angélica
Albahaca
Arándano
Fresa
Canela

**ÁRBOLES**

Chopo
Abedul
Sicomoro

**COLORES**

Dorado
Blanco
Marrón
Rosa

**DIOSES**

Brigid
Gaia
Aengus Og

**PIEDRAS**

Amatista
Calcita
Malaquita
Piedra luna
Turquesa
Selenita

**SÍMBOLOS Y ELEMENTOS**

Cruz de Brigid
Muñecas de maíz
Velas blancas
Escoba
Corderos
Lana
Leche
Queso
Patatas
Agua

**TAROT**

La Muerte
La Estrella
La Fuerza

**ANIMALES**

Vaca
Dragón
Oveja
Cisne

***DRESS CODE***

Lo ideal es vestir de tonos marrón, beis y blanco, con detalles en ocre, dorado y naranja. La lana es el tejido más idóneo, dada la relación directa entre la oveja y la festividad de Imbolc.
También es un elemento típico hacer coronas para el pelo con velas en honor a la diosa Brigid.

# RECETAS PARA TU FIESTA DE IMBOLC

Estas son algunas recetas típicas de esta fiesta. Puedes preparlas con tus invitadas o servírselas a su llegada. Lo ideal es hacer un pícnic o celebrarla en un jardín.

## BATIDO DE FRESAS

### INGREDIENTES

- Leche o bebida vegetal
- Fresas

### PREPARACIÓN

Trocea las fresas y mételas en la batidora. Echa la leche o bebida vegetal y bate hasta conseguir la textura de batido. También puedes añadir otros frutos rojos como frambuesas o arándanos.

## TARTA DE ARÁNDANOS, CHOCOLATE Y NATA

### INGREDIENTES (12 personas)

Bizcocho:
- 4 huevos
- 120 g de harina de trigo
- 120 g de azúcar
- 50 g de mantequilla
- Esencia de vainilla

Relleno: nata montada
Decoración: arándanos

### PREPARACIÓN

- En un recipiente amplio mezcla bien la mantequilla y la harina tamizada. Precalienta el horno a 190 °C.
- Incorpora el azúcar, el huevo y la esencia de vainilla.
- Vierte la masa en un molde redondo.
- Hornea durante 30 minutos. Puedes comprobar que está bien hecho si al pinchar el bizcocho con un palillo este sale limpio.
- Desmolda y deja enfriar. Corta transversalmente el bizcocho y rellena con nata.
- Decora con arándanos y nata la parte superior.

# HECHIZO DE IMBOLC

Para dar por finalizada la fiesta, puedes realizar este hechizo con tus invitadas. También lo puedes hacer sola en tu altar.

### NECESITARÁS

- Una vela blanca o una vela de Imbolc por persona
- Palo santo, romero o alguna hierba limpiadora

### PROCEDIMIENTO

El hechizo servirá para hacer una limpieza energética de tu grupo y de ti misma. Encended cada una vuestra vela. En un caldero prended las hierbas o el palo santo y meditad alrededor mientras formáis un círculo cogidas de la mano. Sentid cómo el humo os va limpiando y purificando.

# VELAS DE IMBOLC

Viste las velas (en la página 33 explico cómo) con los siguientes ingredientes:

- Angélica
- Albahaca
- Canela
- Fresa deshidratada

# BAÑO RITUAL DE IMBOLC

Puedes regalar a tus invitadas un frasquito de estas sales al final de la fiesta, o puedes elaborarlas para ti, si celebras la fiesta en solitario.

### MEZCLA EN TU MORTERO Y DEJA A LA LUZ DE LA LUNA LLENA LOS SIGUIENTES INGREDIENTES

- Un vaso de leche o bebida de avena
- Fresa deshidratada
- Aceite esencial de rosa mosqueta (3 gotas)

Salir de la bañera después de darse un baño y, sin aclarar, secar a toquecitos. Este baño sirve para atraer el amor, la abundandia y los nuevos comienzos.

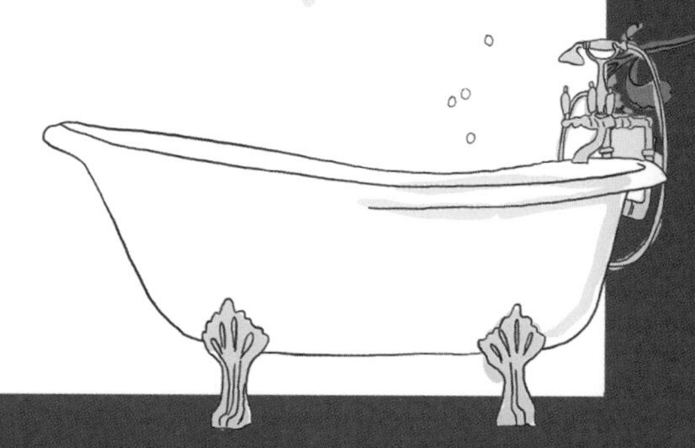

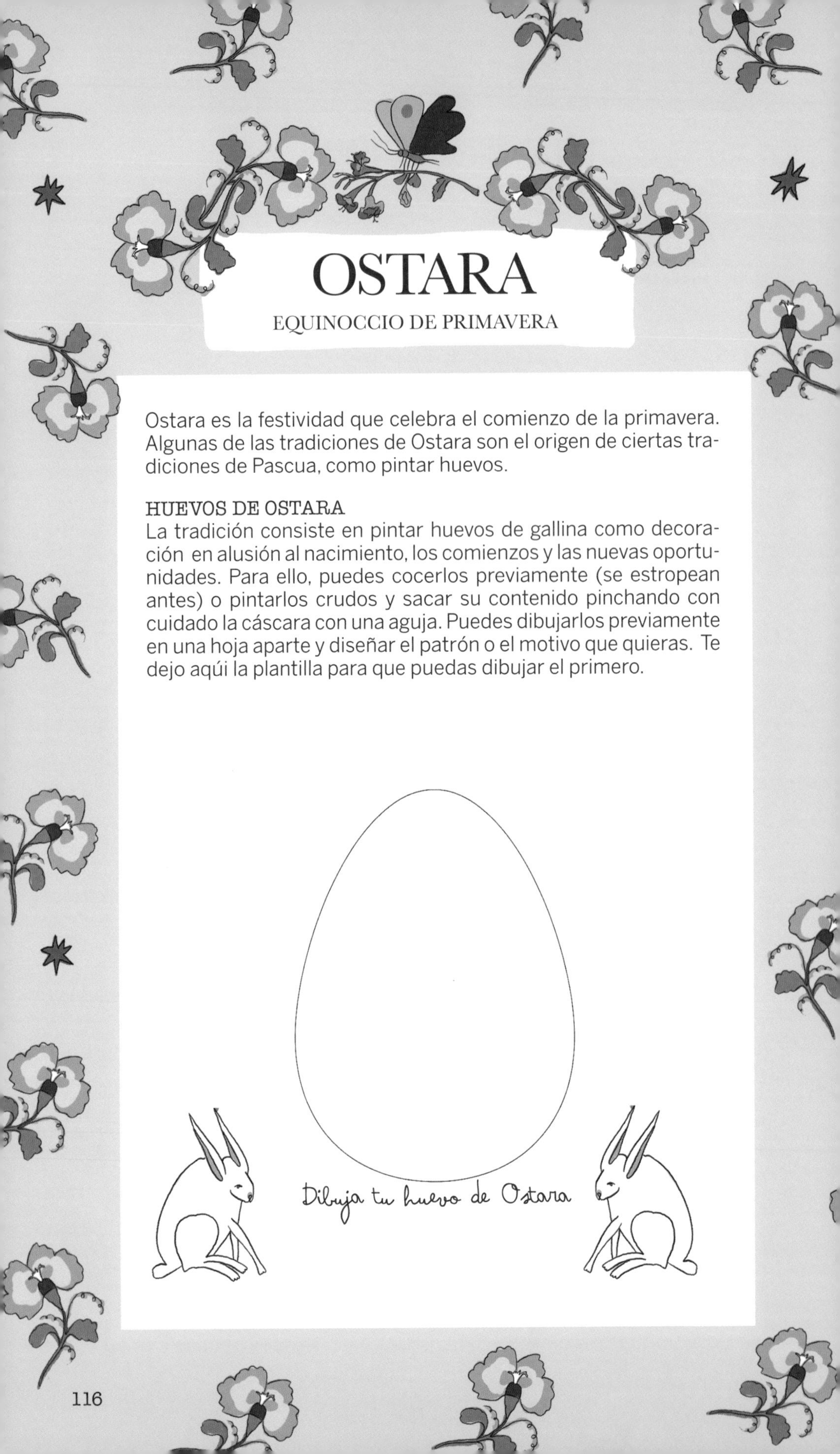

# OSTARA

## EQUINOCCIO DE PRIMAVERA

Ostara es la festividad que celebra el comienzo de la primavera. Algunas de las tradiciones de Ostara son el origen de ciertas tradiciones de Pascua, como pintar huevos.

### HUEVOS DE OSTARA

La tradición consiste en pintar huevos de gallina como decoración en alusión al nacimiento, los comienzos y las nuevas oportunidades. Para ello, puedes cocerlos previamente (se estropean antes) o pintarlos crudos y sacar su contenido pinchando con cuidado la cáscara con una aguja. Puedes dibujarlos previamente en una hoja aparte y diseñar el patrón o el motivo que quieras. Te dejo aquí la plantilla para que puedas dibujar el primero.

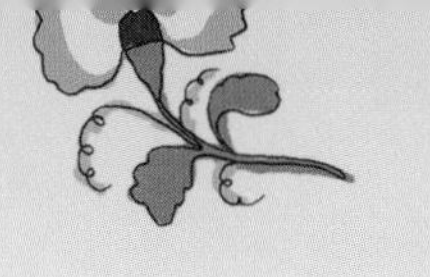
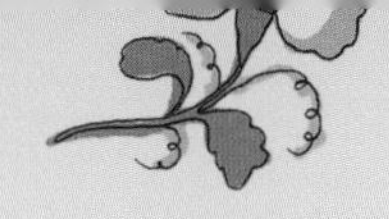
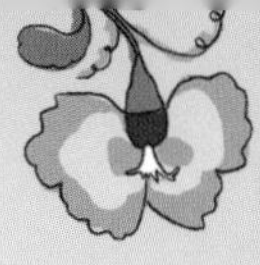

# CORRESPONDENCIAS DE OSTARA

Elementos característicos de la fiesta con los que puedes trabajar, decorar tu altar o tu fiesta.

PALABRAS CLAVE

Equilibrio
Nacimiento
Cambio
Amor
Comienzos
Fertilidad

INTENCIÓN MÁGICA

Amor
Lujuria
Abundancia
Equilibrio
Crecimiento
Pasión

FLORES

Margarita
Tulipán
Violeta
Jazmín
Lila

HIERBAS

*Lemmongrass*
Hierbabuena
Menta
Retama

ÁRBOLES

Manzano
Naranjo
Limonero

COLORES

Verde
Azul celeste
Rosa
Plateado
Blanco

PIEDRAS

Ágata
Aguamarina
Aventurina
Citrino
Jade
Rubí

SÍMBOLOS Y ELEMENTOS

Cestas
Huevos
Mariposas
Semillas
Espárragos
Miel
Rábanos
Limpieza de primavera
Manualidades
Jardinería

ANIMALES

Abejas
Mariposas
Pollitos
Conejo
Fénix

TAROT

La Emperatriz
La Justicia
La Estrella

*DRESS CODE*

Es similar a Beltane, pero podemos distinguirlo vistiendo con colores pastel y coronas de flores del mismo color que la ropa.

CORONA DE FLORES
Siguiendo este esquema, puedes hacer las coronas de flores para adornar tu pelo.

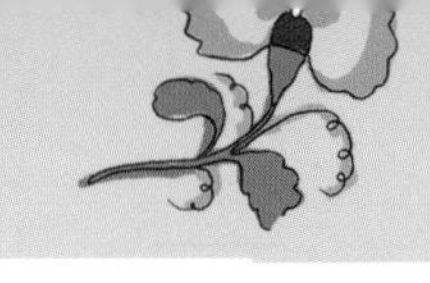

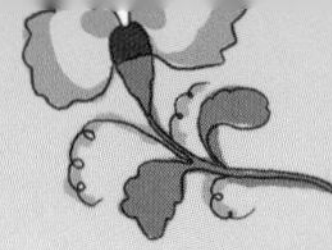

# RECETAS PARA TU FIESTA DE OSTARA

Estas son algunas recetas típicas de esta fiesta. Puedes prepararlas con tus invitadas o servírselas a su llegada. Lo ideal es hacer un pícnic o celebrarla en un jardín.

## CÓCTEL SALTAMONTES

### INGREDIENTES

- Hielo picado
- Crema de menta
- Crema de cacao
- Crema de leche

### PREPARACIÓN

Mezcla bien todos los ingredientes en una batidora o coctelera. Servir muy frío.

## REVUELTO DE TRIGUEROS

### INGREDIENTES (4 personas)

- 6 huevos
- 20 espárragos
- Pimienta
- Sal
- AOVE

### PREPARACIÓN

- Corta en trozos pequeños los espárragos trigueros.
- Rehoga los espárragos y reserva.
- Bate los huevos hasta que quede una mezcla homogénea; salpimenta.
- Añade los espárragos trigueros.
- Cocina a fuego muy bajo sin parar de remover, hasta que adquiera una textura melosa, pero sin que esté crudo.
- Tuesta una rebanada de pan de centeno con un poco de mantequilla en una sartén y sirve el revuelto encima.
- Añade algo más de pimienta al gusto.

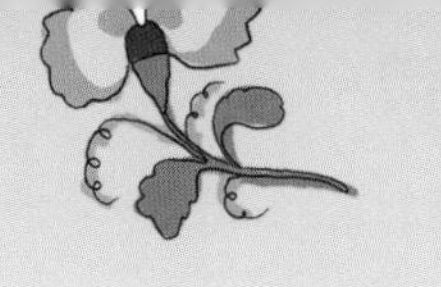
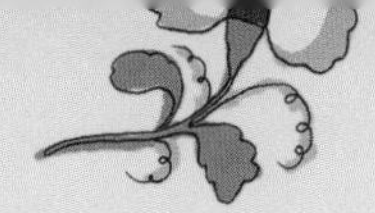

## HECHIZO DE OSTARA: RITUAL DE LAS SEMILLAS

Pedir una bendición de semillas es un ritual muy sencillo para dar empuje a un nuevo proyecto, etapa o relación.

### NECESITARÁS

- Semillas
- Una pala
- Tierra (sea de tu jardín o de una maceta)

### PROCEDIMIENTO

Las semillas representan nuestro proyecto y le pedimos a la naturaleza, o a nuestra diosa favorita, que las bendiga para que se conviertan en una planta y que crezca fuerte, al igual que nuestro proyecto. Las cuidaremos día a día.

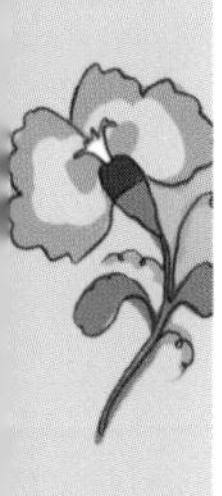

## VELAS DE BELTANE

Viste las velas (en la página 33 explico cómo) con los siguientes ingredientes:

- Hierbabuena
- Margarita
- Pétalos de violeta
- Aceite esencial de jazmín

## BAÑO RITUAL DE OSTARA

Puedes regalar a tus invitadas un frasquito de estas sales al final de la fiesta, o puedes elaborarlas para ti si celebras la fiesta en solitario.

### MEZCLA EN TU MORTERO Y DEJA A LA LUZ DE LA LUNA LLENA LOS SIGUIENTES INGREDIENTES

- Pétalos de rosa
- Hierbabuena
- Margarita
- Pétalos de violeta
- Aceite esencial de jazmín (2 gotas)
- Sal gorda ritualizada
- Un tapón de agua florida

Salir de la bañera después de darse un baño y, sin aclarar, secar a toquecitos. Este baño sirve para iniciar con energía un nuevo proyecto, etapa o relación y limpiar energéticamente.

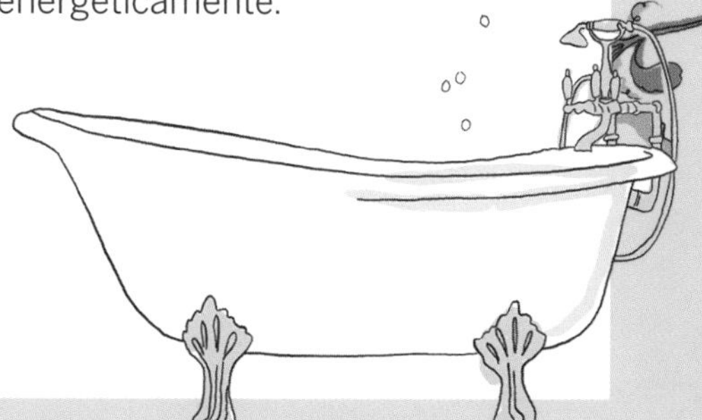

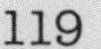

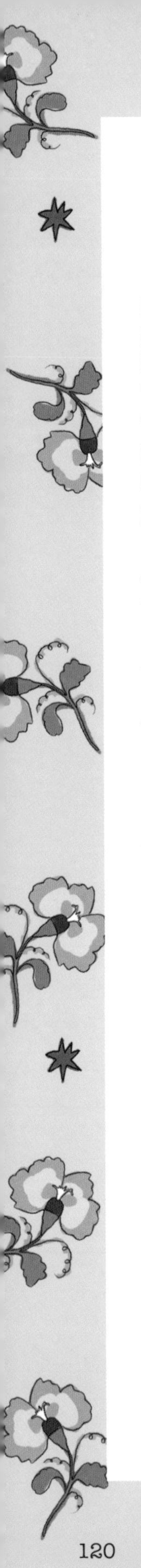

# TRADICIÓN, *WICCA* Y ECLECTICISMO EN LAS FIESTAS MÁGICAS

Estas ocho celebraciones son para mí el momento perfecto de parar el ritmo, conectar con la naturaleza y con mis amigas, celebrar la magia y honrar las tradiciones de mi familia y otros rituales que he ido incorporando a mi vida porque han resonado conmigo.

Estas fiestas las celebran los neopaganos, *wiccanos*, brujas y las personas que simplemente buscan esta conexión tan bonita y especial con la naturaleza.

Existen más dioses, plantas, recetas, rituales y tradiciones asociadas a cada fiesta; al igual que cada tradición puede variar y tener matices diferentes en cada pueblo, país y cultura.

En este capítulo he intentado darte una pequeña guía con lo fundamental, para que tú misma puedas empezar a generar ese recopilatorio de rituales, recetas y tradiciones asociadas a cada fiesta que resuenen contigo.

Puedes apuntar en tu grimorio todas ellas y elaborar una guía con multitud de elementos que resuenen contigo para celebrar, sola o acompañada, esta conexión tan bonita que las mujeres tenemos con la naturaleza.

# 8. ASTROLOGÍA APLICADA A LA MAGIA

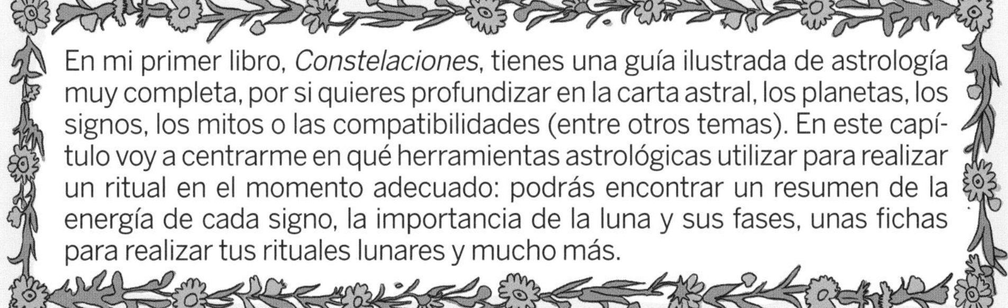

En mi primer libro, *Constelaciones*, tienes una guía ilustrada de astrología muy completa, por si quieres profundizar en la carta astral, los planetas, los signos, los mitos o las compatibilidades (entre otros temas). En este capítulo voy a centrarme en qué herramientas astrológicas utilizar para realizar un ritual en el momento adecuado: podrás encontrar un resumen de la energía de cada signo, la importancia de la luna y sus fases, unas fichas para realizar tus rituales lunares y mucho más.

# LA ENERGÍA DE CADA

ARIES

Aries se relaciona con la iniciativa, la pasión, los inicios, los impulsos, la guerra, la pasión, la agresividad, el individualismo, el liderazgo, la espontaneidad, el emprendimiento, lo directo, los pioneros, la explosión, la impaciencia y la honestidad.

TAURO

Tauro se relaciona con la estabilidad, la paciencia, la elegancia, el materialismo, la bondad, la constancia, la delicadeza, la terquedad, el optimismo, la sensualidad, la practicidad, el realismo, la posesividad, el egoísmo y la generosidad.

GÉMINIS

Géminis se relaciona con la agitación, la comunicación, la dualidad, la inconstancia, la intelectualidad, la versatilidad, la imaginación, la lógica, la sagacidad, la agudeza mental y la inquietud.

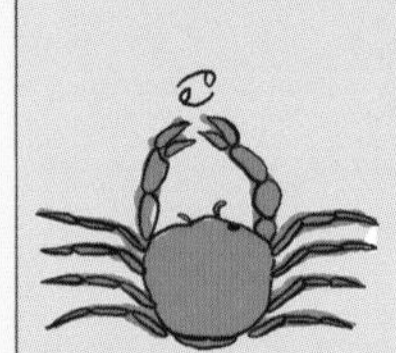

CÁNCER

Cáncer se relaciona con la amabilidad, la sensibilidad, el cariño, el hogar, la intuición, la inteligencia emocional, la familia, la empatía, la inestabilidad emocional, la volubilidad, la armonía, la discreción, la emoción, la gentileza, la protección, la reserva y el misterio.

LEO

Leo se relaciona con el afecto, la pasión, la asertividad, el carisma, la competitividad, la valentía, el egocentrismo, los excesos, la franqueza, la fiesta, la generosidad, el interés, el narcisismo, el orgullo, la jovialidad y el disfrute.

VIRGO

Virgo se relaciona con el análisis, la calma, la amabilidad, la crítica, la necesidad de control, la pulcritud, el orden, la honestidad, la estrategia, la austeridad, el perfeccionismo, la lógica, la racionalidad, la cautela y la precaución.

# SIGNO DEL ZODÍACO

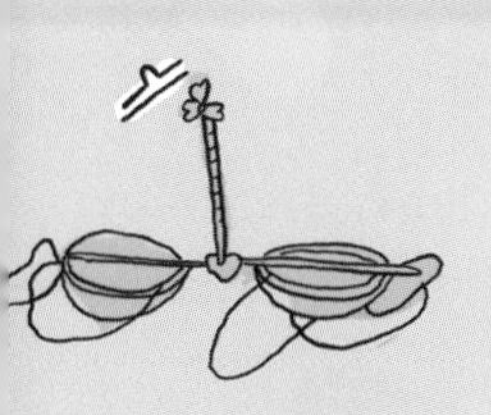

## LIBRA

Libra se relaciona con el equilibrio y la búsqueda de él, la belleza, la cultura, la calma, la asertividad, la extravagancia, la elegancia, la seducción, la persuasión, la armonía, la indecisión, el romanticismo y la vanidad.

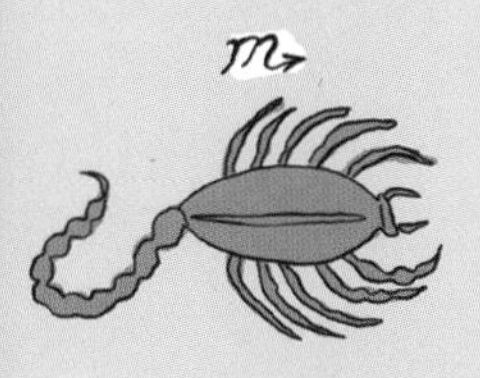

## ESCORPIO

Escorpio se relaciona con la pasión, las intenciones ocultas, el control, los celos, la obsesión, el sexo, la muerte, la intuición, la determinación, el magnetismo, el misterio, la reserva, la cautela y la venganza.

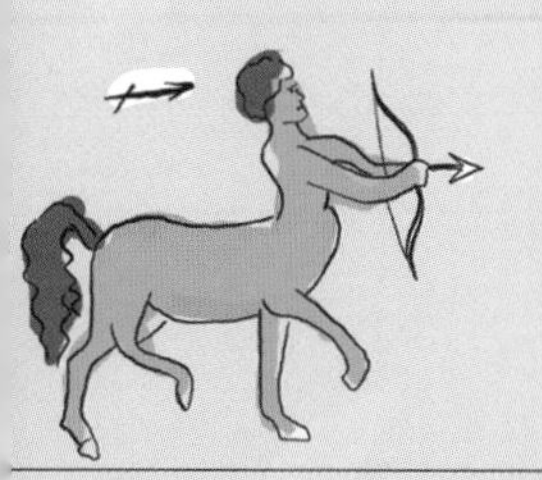

## SAGITARIO

Sagitario se relaciona con los viajes, la extroversión, la filosofía, la alegría, la aventura, la brusquedad, el buen humor, lo cosmopolita, la curiosidad, el entusiasmo, la generosidad, la perspicacia y la impaciencia.

## CAPRICORNIO

Capricornio se relaciona con la autoridad, la ambición, la arrogancia, lo conservador, la tradición, el pragmatismo, la reserva, la fortaleza, la exigencia, la responsabilidad, la resilencia, el liderazgo, la intransigencia y el cumplimiento del deber.

## ACUARIO

Acuario se relaciona con la innovación, lo disruptivo, lo diferente, la agilidad mental, la creatividad, la filantropía, la independencia, la libertad, el rigor, la provocación, la perspicacia, la sociabilidad, la revolución y la lógica.

## PISCIS

Piscis se relaciona con la emoción, el arte, la sensibilidad, la empatía, la música, la espiritualidad, la creatividad, la amabilidad, el temor, el idealismo, la escucha, la serenidad, la intuición y la magia.

A continuación tienes una guía para ver el momento más propicio para hacer un ritual o hechizo. No es inamovible, puedes hacer muchos rituales en cualquier momento, pero es importante tener en cuenta:

- El clima astral general (en qué signo están los planetas, si hay algún retrógrado o eclipse, tema que ya abordamos en *Constelaciones*).
- Las correspondencias horarias (hay horas y días relacionados con cada planeta).
- La luna: el signo y la fase de la luna también es muy importante, de hecho es lo más relevante, como vamos a ver.

# CORRESPONDENCIAS HORARIAS

## El día y hora para tus hechizos

| | | DOMINGO | LUNES | MARTES | MIÉRCOLES | JUEVES | VIERNES | SÁBADO |
|---|---|---|---|---|---|---|---|---|
| HORA DEL DÍA (OH AL MEDIODÍA) | 1.ª | Sol | Luna | Marte | Mercurio | Júpiter | Venus | Saturno |
| | 2.ª | Venus | Saturno | Sol | Luna | Marte | Mercurio | Júpiter |
| | 3.ª | Mercurio | Júpiter | Venus | Saturno | Sol | Luna | Marte |
| | 4.ª | Luna | Marte | Mercurio | Júpiter | Venus | Saturno | Sol |
| | 5.ª | Saturno | Sol | Luna | Marte | Mercurio | Júpiter | Venus |
| | 6.ª | Júpiter | Venus | Saturno | Sol | Luna | Marte | Mercurio |
| | 7.ª | Marte | Mercurio | Júpiter | Venus | Saturno | Sol | Luna |
| | 8.ª | Sol | Luna | Marte | Mercurio | Júpiter | Venus | Saturno |
| | 9.ª | Venus | Saturno | Sol | Luna | Marte | Mercurio | Júpiter |
| | 10.ª | Mercurio | Júpiter | Venus | Saturno | Sol | Luna | Marte |
| | 11.ª | Luna | Marte | Mercurio | Júpiter | Venus | Saturno | Sol |
| | 12.ª | Saturno | Sol | Luna | Marte | Mercurio | Júpiter | Venus |
| HORA DE LA NOCHE (DE MEDIODÍA A MEDIANOCHE) | 1.ª | Júpiter | Venus | Saturno | Sol | Luna | Marte | Mercurio |
| | 2.ª | Marte | Mercurio | Júpiter | Venus | Saturno | Sol | Luna |
| | 3.ª | Sol | Luna | Marte | Mercurio | Júpiter | Venus | Saturno |
| | 4.ª | Venus | Saturno | Sol | Luna | Marte | Mercurio | Júpiter |
| | 5.ª | Mercurio | Júpiter | Venus | Saturno | Sol | Luna | Marte |
| | 6.ª | Luna | Marte | Mercurio | Júpiter | Venus | Saturno | Sol |
| | 7.ª | Saturno | Sol | Luna | Marte | Mercurio | Júpiter | Venus |
| | 8.ª | Júpiter | Venus | Saturno | Sol | Luna | Marte | Mercurio |
| | 9.ª | Marte | Mercurio | Júpiter | Venus | Saturno | Sol | Luna |
| | 10.ª | Sol | Luna | Marte | Mercurio | Júpiter | Venus | Saturno |
| | 11.ª | Venus | Saturno | Sol | Luna | Marte | Mercurio | Júpiter |
| | 12.ª | Mercurio | Júpiter | Venus | Saturno | Sol | Luna | Marte |

Siguiendo la astrología tradicional, el planeta que corresponde a la primera hora del día también es el que corresponde al día en cuestión. Un planeta puede ser el principal del día y de la hora, en ese caso será doblemente apropiado el momento del ritual según la intención relacionada con el planeta.
Sol: comienzos, inicios.
Luna: estabilidad emocional, psíquica, intuición, misterios.
Marte: acción, sexo, iniciativa, activación, abrecaminos, resolución de disputas.
Mercurio: comunicación, negocios.
Júpiter: buena suerte, expansión.
Venus: amor, atracción, belleza.
Saturno: trabajo, límites, esfuerzo, superación.

# ¡La luna!

La luna es el cuerpo celeste que más directamente se relaciona con la magia. Debemos tener en cuenta, a la hora de elegir el momento propicio para nuestros rituales, el signo y la fase en los que se encuentra la luna, además de si está fuera de curso (más adelante veremos lo que significa) o si tiene alguna relación complicada con algún planeta (el tema de los aspectos lo cuento con más detalle en *Constelaciones*). Aun así, la astrología no obliga a elegir un momento concreto, solo indica cuál es el más apropiado, pero no significa que sea el único.

# LAS LUNAS LLENAS DEL AÑO

Cada luna llena del año tiene su nombre.

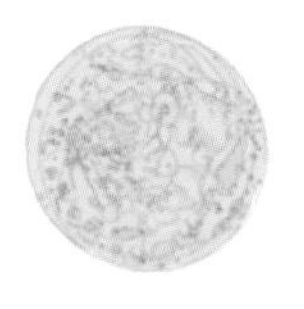

ENERO
Nombre: luna de hielo
Colores: blanco, azul
Tema: comienzos

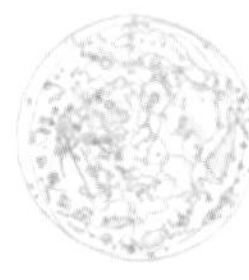

FEBRERO
Nombre: luna de nieve
Colores: blanco, negro
Tema: purificación

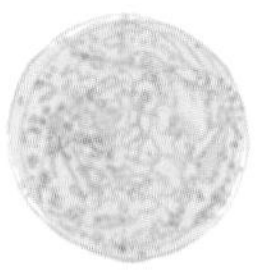

MARZO
Nombre: luna del gusano
Colores: verde, blanco
Tema: prosperidad

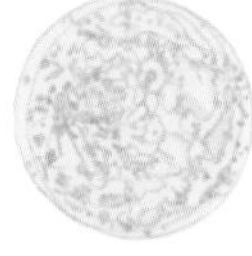

ABRIL
Nombre: luna rosa
Colores: rosa
Tema: crecimiento

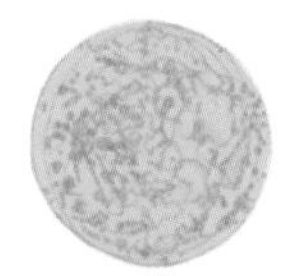

MAYO
Nombre: luna de flores
Colores: verde, rosa, azul
Temas: amor, bienestar

JUNIO
Nombre: luna de fresa
Colores: rojo, rosa
Temas: abundancia, prosperidad, amor

JULIO
Nombre: luna del trueno
Colores: amarillo, naranja
Temas: fuerza, trabajo

AGOSTO
Nombre: luna del heno
Colores: blanco, amarillo
Temas: evolución, crecimiento

SEPTIEMBRE
Nombre: luna de la cosecha
Colores: verde, amarillo
Tema: hogar

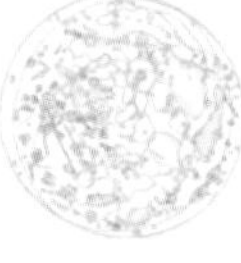

OCTUBRE
Nombre: luna del cazador
Colores: morado, negro
Temas: limpieza, ancestros

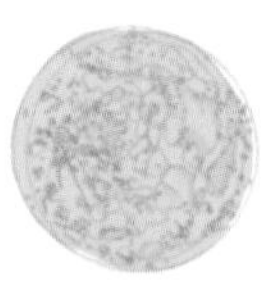

NOVIEMBRE
Nombre: luna helada
Color: blanco
Temas: sanación, protección

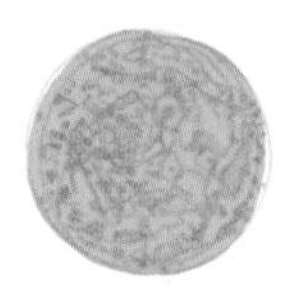

DICIEMBRE
Nombre: luna fría
Colores: blanco, negro
Temas: paz, fuerza, renacimiento

Los nombres y las correspondencias pueden variar de un lugar a otro; he puesto mis favoritos.

# LAS FASES LUNARES

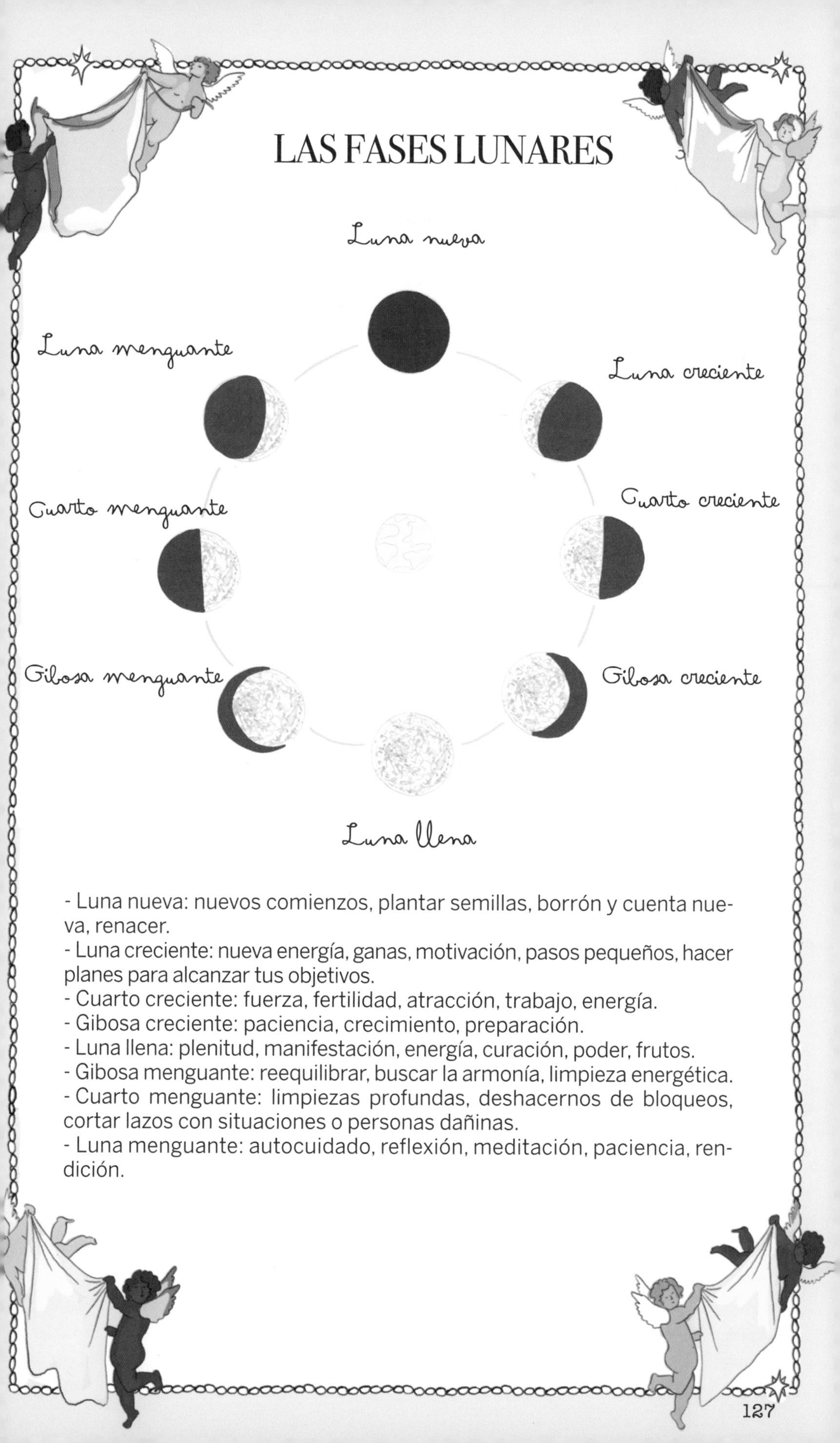


- Luna nueva: nuevos comienzos, plantar semillas, borrón y cuenta nueva, renacer.
- Luna creciente: nueva energía, ganas, motivación, pasos pequeños, hacer planes para alcanzar tus objetivos.
- Cuarto creciente: fuerza, fertilidad, atracción, trabajo, energía.
- Gibosa creciente: paciencia, crecimiento, preparación.
- Luna llena: plenitud, manifestación, energía, curación, poder, frutos.
- Gibosa menguante: reequilibrar, buscar la armonía, limpieza energética.
- Cuarto menguante: limpiezas profundas, deshacernos de bloqueos, cortar lazos con situaciones o personas dañinas.
- Luna menguante: autocuidado, reflexión, meditación, paciencia, rendición.

# LUNA NUEVA

## DESCRIPCIÓN

Se trata de la primera fase del ciclo lunar. La luna está completamente oscura y no refleja ninguna luz, por lo que es el momento idóneo para prestar atención a nuestros sentidos, estar cómodas en nuestro espacio y descansar la mente y el cuerpo.

## PALABRAS CLAVE DE LUNA NUEVA

Comienzo, oscuridad, interior, indagación, renovación, introspección, creación, volver a comenzar, nueva oportunidad.

## RITUALES DE LUNA NUEVA

- Conecta con la oscuridad. Pasa tiempo sola y bucea en tu interior, lleva un diario.
- Planta las semillas para aquello que deseas alcanzar, visualízate como si ya lo tuvieras (en el último capítulo te hablo de manifestar).
- Toma una infusión con hierbas que se relacionan con la claridad y la intuición: romero, salvia, milenrama...
- Escribe una carta a tu yo del futuro. Haz una lista de qué cosas quieres manifestar o conseguir en los próximos 28 días de ciclo lunar.
- Presta atención a tus emociones y su relación con la luna, anótalo en un diario.
- Presta atención a tu espacio mágico. Si no lo tienes, o quieres reorganizarlo, es un buen momento.
- Limpia tu espacio mágico (también se puede hacer en menguante).
- Date un baño de limpieza (tienes varias recetas a lo largo del libro).
- Deja ir: visualiza lo que ya no te sirve, escríbelo y destruye el papel, siente cómo te liberas de ello.

## CURIOSIDADES

Algunas personas prefieren no hacer rituales en luna nueva, porque se dice que muchas brujas que usan magia negra hacen sus rituales en esta luna. Por eso es mejor dedicar la luna nueva al reposo y la introspección, y dejar los rituales de limpieza para la menguante. No es aconsejable cortarse el pelo en esta fase lunar.

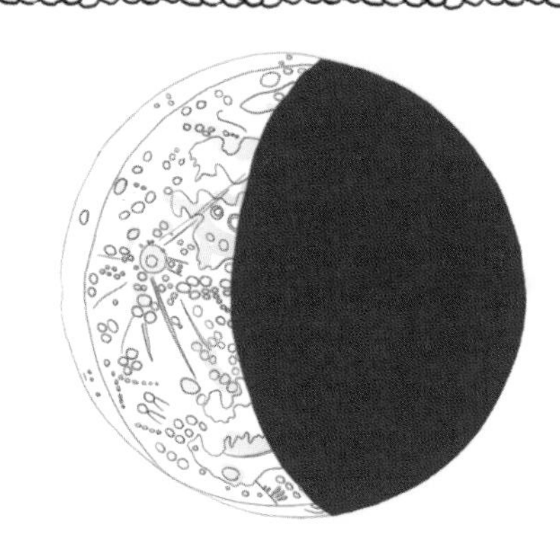

# LUNA CRECIENTE

## DESCRIPCIÓN

Se trata de la segunda fase lunar, llega a su punto más importante en el cuarto creciente. Es momento de llevar a cabo la acción, alinearnos con nuestros propósitos, hacer afirmaciones positivas, ponernos a trabajar y ejecutar los planes e intenciones. Los rituales irán enfocados a atraer, a abrir caminos.

## PALABRAS CLAVE DE LUNA CRECIENTE

Proceso, creación, trabajo, crecimiento, avances, optimismo, hacer frente a los retos, abrecaminos, atracción.

## RITUALES DE LUNA CRECIENTE

- Rituales dirigidos a atraer la abundancia y la prosperidad económica (p. 192).
- Rituales dirigidos a atraer el amor (p. 190).
- Rituales abrecaminos (p. 192).
- Rituales de éxito.
- Empieza nuevos proyectos o negocios (mira bien el clima astral antes de ello).
- Toma decisiones.
- Manifiesta lo que deseas o haz que las cosas pasen (p. 196).
- Pon intenciones y lleva a cabo la acción para que se den estas intenciones.
- Buen momento para cargar tarot, cristales o minerales, aunque suele hacerse en la siguiente fase, en luna llena.
- Buen momento para potenciar tus dones y virtudes.

## CURIOSIDADES

Es una buena fase para cortarse el pelo y que crezca rápido y una mala fase para depilarse, pues el vello crece antes.

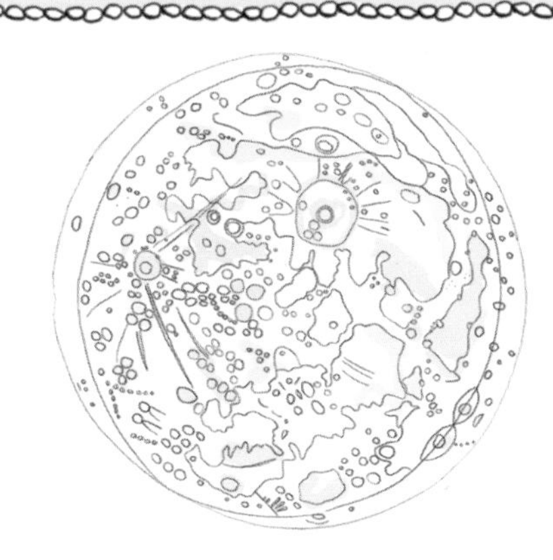

# LUNA LLENA

## DESCRIPCIÓN

Se trata de la fase que tiene más relación con la magia y las brujas. Es muy poderosa. Podemos saber que es esta fase porque veremos la luna iluminada por completo. Es el momento más mágico del ciclo lunar y los rituales en esta fase son muy enérgicos.

## PALABRAS CLAVE DE LUNA LLENA

Culmen, plenitud, energía, movimiento, gratitud, celebración, meditación, autocuidado, belleza, conexión.

## RITUALES DE LUNA LLENA

- Carga tus cristales, tarots, oráculos, amuletos y otros objetos mágicos a la luz de la luna.
- Rituales de belleza y amor propio.
- Date un baño de sales de Afrodita (p. 190).
- Cuídate, date mimos, medita.
- Echa las cartas del tarot para autoconocerte, autoexplorarte y lleva un diario de tus emociones.
- Haz una lista de las cosas por las que estás agradecida.
- Deja fluir tu energía mediante el movimiento.

## CURIOSIDADES

Es la mejor fase para cortarse el pelo y que crezca sano y fuerte, sobre todo entre las seis y las doce de la mañana. Crecerá sano, fuerte y brillante.

Es la fase lunar en la que la mayoría de las mujeres menstrúan. Hay personas que durante la luna llena están muy cansadas e incluso les llega a doler la cabeza; si es así, tómate un descanso. Por el contrario, otras se sienten vigorizadas y con mucha energía; si es tu caso, aprovecha para celebrar y socializar. Haz lo que resuene contigo.

Esto es algo que no debes hacer con esta intención, pero es una curiosidad. Se dice que si practicas sexo durante la luna llena mientras estás menstruando, y tu intención es amarrar a la persona con la que estás, será un amarre de amor de los más poderosos que existen. Se dice también que tiene consecuencias muy peligrosas. Pero si lo haces sin intención o lo has hecho y lo desconocías, no es peligroso ni pasa nada.

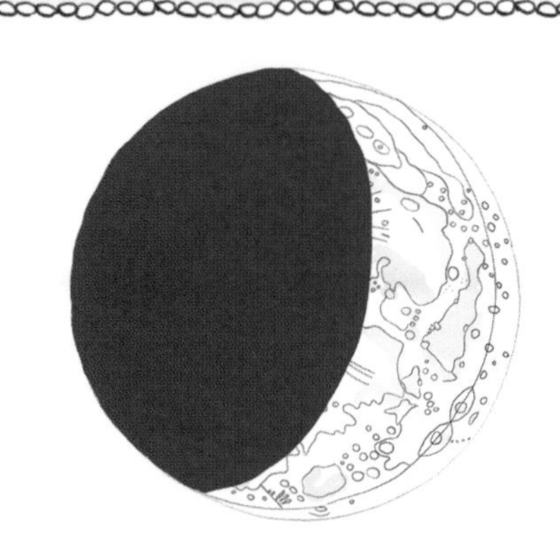

# LUNA MENGUANTE

## DESCRIPCIÓN

Se trata de la última fase, donde la luna cada vez es menos visible, hasta que llega a la luna nueva (1.ª fase). Como la luna está «disminuyendo», se asocia con rituales de limpieza, destierro y, básicamente, todo lo relacionado con querer alejar algo o deshacernos de algo de nuestra vida. También para destruir malas energías, envidias o trabajos que nos hayan podido hacer.

## PALABRAS CLAVE DE LUNA MENGUANTE

Limpieza, destierro, expulsión, disminuir, alejar, destrucción.

## RITUALES DE LUNA MENGUANTE

- Limpieza energética de tu espacio mágico, de personas, de ti misma o de situaciones.
- Rituales de volteo para devolver el mal que nos han podido desear (p. 194).
- Rituales de desconexión o desapego emocional para romper el vínculo tóxico que podamos tener con una persona (p. 195).
- Rituales para deshacernos de malos hábitos.
- Suelta y libera lo que ya no te sirve para tu propósito.
- Corta todo aquello de lo que pretendas deshacerte.
- Tira objetos físicos que ya no necesites, limpia y ordena tu espacio, tanto el mágico como tu habitación o casa.
- Da por terminada una relación (laboral, sentimental, de amistad...) que sientes que ya no está alineada contigo.
- Inicia dietas détox.

## CURIOSIDADES

No se trata de una buena fase para cortarse el pelo, ya que este crecerá más despacio y más débil. Sin embargo, es buena fase para depilarse, precisamente por el mismo motivo: el vello crecerá más débil y despacio.

# LUNA EN ARIES

*La luna en los signos*

Rituales relacionados con el liderazgo, el coraje, el valor, la fuerza de voluntad. Es momento de emprender, confiar en ti misma y demostrar lo que vales.

Color de vela: rojo burdeos. Cristales: rubí y jaspe rojo. Elemento: fuego.

LUNA NUEVA EN ARIES

Luna propicia para comenzar nuevos proyectos y sentirnos merecedoras de todo lo bueno, porque tenemos el poder y la fortaleza necesarias para todo ello. Focalizar la energía para, a partir de la luna creciente, ir a por todas.

LUNA CRECIENTE EN ARIES

Buen momento para apostar por nuestro valor, fuerza y poderío. Relacionado con la energía de la guerrera, sobreponernos a todo y avanzar con determinación y fuerza hacia nuestros objetivos.

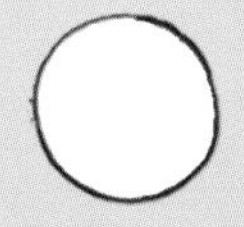

LUNA LLENA EN ARIES

Ritual para celebrarnos a nosotras mismas, a nuestra fuerza, iniciativa y valentía. Si no te sientes así, aprovecha la luna llena para conseguir sentirte poderosa y líder mediante un ritual o meditación.

LUNA MENGUANTE EN ARIES

Luna muy poderosa para alejar obstáculos, impedimentos y trabas a nuestra evolución personal, para encontrar la fortaleza y el empuje necesarios característicos de Aries.

# LUNA EN TAURO

*La luna en los signos*

Rituales relacionados con la belleza, el placer, el amor, la sensualidad, la prosperidad, la autoestima y el amor propio.

Color de vela: verde, rosa. Cristales: cuarzo rosa, zafiro. Elemento: tierra.

## LUNA NUEVA EN TAURO

Buena fase para iniciar proyectos laborales, adquirir nuevas propiedades o iniciar un romance. Pero no te recomiendo hacer rituales complejos en esta fase, céntrate en rituales sencillos con las temáticas mencionadas.

## LUNA CRECIENTE EN TAURO

Rituales relacionados con la belleza, el trabajo, con Afrodita, elixires de belleza o atracción. Buen momento para darle fuerza a nuestra economía y negocio mediante rituales relacionados con la abundancia y la atracción. También en el plano romántico.

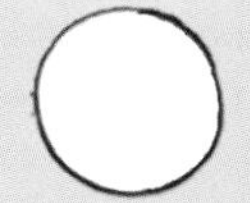

## LUNA LLENA EN TAURO

Momento espléndido para hacer un ritual potente de atracción. Para tener fuerza y valor, en relación con el placer. Para celebrarnos a nosotras mismas y todo lo que hemos logrado, darnos un capricho placentero.

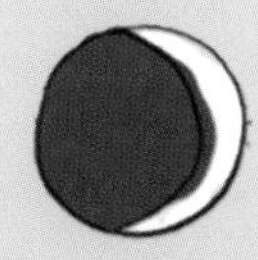

## LUNA MENGUANTE EN TAURO

Es una luna en la que es mejor hacer limpieza con métodos sencillos. Solo debemos hacer rituales en esta luna si queremos alejar algo de manera muy drástica (desde un punto de vista teórico, pero sigue tu intuición siempre).

# LUNA EN GÉMINIS

*La luna en los signos*

Rituales relacionados con la comunicación y la adaptación a nuevas circunstancias, o rituales relacionados con nuestras habilidades sociales y vida social.

Color de vela: amarillo. Cristales: ojo de tigre, ámbar. Elemento: aire.

## LUNA NUEVA EN GÉMINIS

Plantar las semillas o sentar las bases para algún proyecto intelectual (como escribir una novela) o académico (una tesis), focalizando la energía para trabajar en ellos a partir de creciente. Momento idóneo para planear viajes, traslados o mudanzas.

## LUNA CRECIENTE EN GÉMINIS

Rituales enfocados a la claridad mental, la verdad y la comunicación efectiva. También es buen momento para hacer rituales relacionados con mejorar nuestras habilidades sociales o nuestra capacidad de oratoria.

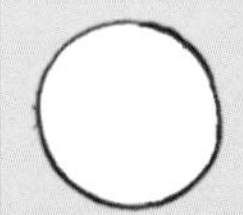

## LUNA LLENA EN GÉMINIS

Esta luna es de las mejores para lanzar un proyecto intelectual (novela, tesis, trabajo de fin de carrera...), para que se difunda y gane interés entre el público y la crítica. Presta atención a los mensajes ocultos en sueños y en intuiciones.

## LUNA MENGUANTE EN GÉMINIS

Es el momento para alejar malos pensamientos, aclarar malentendidos y despejar todo aquello que impida la comunicación clara y certera.

# LUNA EN CÁNCER

*La luna en los signos*

La luna aquí se encuentra en el signo al que rige, por lo tanto, es momento de honrar a las diosas que tienen relación con la luna y hacer rituales relacionados con el hogar, la familia y la fertilidad.

Color de vela: blanco. Cristales: piedra luna, ópalo. Elemento: agua.

LUNA NUEVA EN CÁNCER

Rituales de fertilidad (para quedarse embarazada) o de comienzos, pero relacionados con el hogar (como la compra de una nueva casa) o dar la bienvenida a un nuevo miembro de la familia, como una mascota.

LUNA CRECIENTE EN CÁNCER

Rituales enfocados a fortalecer y mejorar la relación entre diferentes miembros de nuestra familia, mejorar la armonía familiar y el ambiente en casa.

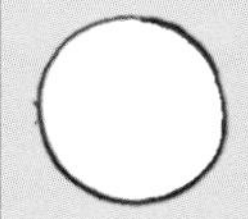

LUNA LLENA EN CÁNCER

El ritual más acertado en esta fase de la luna tiene relación con proteger tu hogar, tu espacio mágico y a tu familia.

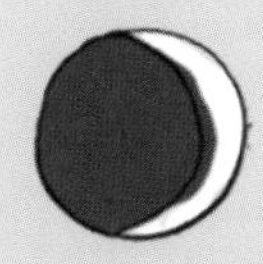

LUNA MENGUANTE EN CÁNCER

Trabajar con la energía femenina, cuidarnos, recogernos en nosotras mismas, hacernos una limpieza energética, conectar con la luna, nuestra parte femenina y nuestra parte intuitiva. Reflexionar sobre estos temas.

# LUNA EN LEO

*La luna en los signos*

Rituales relacionados con tu valor personal, la creatividad, la confianza en ti misma y el poder que llevas dentro, el éxito y el triunfo. Si quieres sentirte más segura y empoderada, esta es la mejor luna para trabajar.

Color de vela: amarillo y dorado. Cristales: ojo de tigre, citrino. Elemento: fuego.

## LUNA NUEVA EN LEO

La mejor luna para «inaugurar» un proyecto personal y creativo, pidiendo que salga bien y realizando algún tipo de ritual para conseguir que sea todo un éxito. También para iniciar una etapa nueva más segura de nosotras mismas.

## LUNA CRECIENTE EN LEO

Esta luna es idónea para aumentar nuestros atractivos personales, carisma y dotes de liderazgo. Si tienes una empresa o proyecto creativo, para que siga yendo bien o vaya mejor (mediante rituales relacionados con ello).

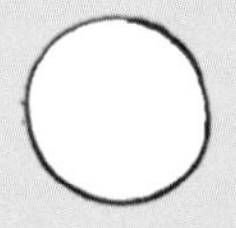

## LUNA LLENA EN LEO

El mejor momento para realizar un poderoso ritual de amor propio, autoestima y confianza en nosotras mismas para mejorar nuestra autopercepción y, por lo tanto, para que los demás nos encuentren más atractivas.

## LUNA MENGUANTE EN LEO

La fase perfecta para alejar de nuestra vida a personas que no nos valoran, y para romper con aquello que nos impide tener éxito, sea de manera literal o mediante un ritual.

# LUNA EN VIRGO

*La luna en los signos*

Rituales relacionados con el trabajo, la rutina, la capacidad de servicio, ofrecer lo mejor de ti misma, la curación y mejorar tus hábitos y rutina diaria, ser más constante y ordenada.

Color de vela: azul. Cristales: lapislázuli, malaquita. Elemento: tierra.

LUNA NUEVA EN VIRGO

Los rituales en esta fase de la luna exigen mucha concentración y meticulosidad. Momento adecuado para trazar un nuevo plan que nos ayude a llevar un estilo de vida más organizado.

LUNA CRECIENTE EN VIRGO

Es una luna ideal para enfocar nuestros esfuerzos en ayudar a los demás, entenderlos mejor; incluso para terapeutas. Rituales para focalizarnos en la empatía y en el servicio a los demás.

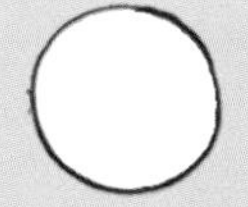

LUNA LLENA EN VIRGO

Es una luna perfecta para rituales muy elaborados y complejos, donde es necesaria la pulcritud y la exactitud. También para actividades que requieran las características citadas.

LUNA MENGUANTE EN VIRGO

Es una luna perfecta para eliminar los obstáculos que nos impiden medrar en nuestra vida laboral. También para alejar celos, envidias y otros malos sentimientos y energías.

# LUNA EN LIBRA

*La luna en los signos*

Rituales relacionados con la estética, la armonía, la belleza, el equilibrio, problemas legales, asociaciones y relaciones sentimentales.

Color de vela: rosa. Cristales: cuarzo rosa y jade. Elemento: aire.

LUNA NUEVA EN LIBRA

Buen momento para comenzar una nueva etapa artística, inaugurar una exposición, presentar una colección de moda o cualquier proyecto relacionado con el arte y el diseño.

LUNA CRECIENTE EN LIBRA

Rituales enfocados en crear relaciones sanas, fuertes y duraderas en el tiempo, sobretodo en el ámbito amoroso, pero también en el ámbito laboral.

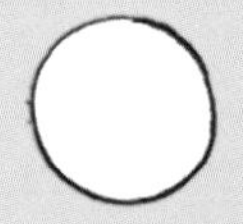

LUNA LLENA EN LIBRA

La mejor luna para poderosos rituales de belleza, amor, deseo y atracción, para encontrar nuestra paz interior y equilibrio, para las relaciones armoniosas.

LUNA MENGUANTE EN LIBRA

Luna idónea para alejar de nosotras las injusticias y para solucionar todo lo relacionado con lo legal. Rituales enfocados a que situaciones complicadas se resuelvan.

# LUNA EN ESCORPIO

*La luna en los signos*

Se trata de una de las lunas más poderosas e intensas, por lo que es apropiada para temas relacionados con el amor, la sexualidad, lo oculto, los cambios, la transformación... Luna especialmente relacionada con el mundo de la magia y lo oculto.

Color de vela: rojo y negro. Cristales: ónix, turmalina. Elemento: agua.

LUNA NUEVA EN ESCORPIO

Es una luna apropiada para definir nuevos objetivos, relacionados sobre todo con el mundo emocional, y en especial para cerrar una etapa dolorosa y hacer «borrón y cuenta nueva».

LUNA CRECIENTE EN ESCORPIO

Luna perfecta para deshacernos de patrones obsesivos o tóxicos en nuestras relaciones, siempre que nuestra voluntad sea firme al respecto.

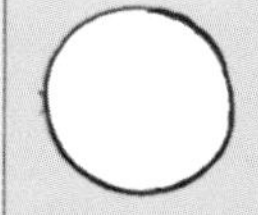

LUNA LLENA EN ESCORPIO

Luna muy poderosa para realizar un gran cambio, culminar un proceso de transformación o cargarnos de energía para poder llevar a cabo ese gran proceso de cambio y nueva etapa.

LUNA MENGUANTE EN ESCORPIO

Luna relacionada con el mundo del tarot, la adivinación, los médiums y la intuición. Rituales para potenciar estas virtudes o realizar estas actividades.

# LUNA EN SAGITARIO

*La luna en los signos*

Rituales relacionados con la expansión, los viajes, la diversión, la curiosidad, la búsqueda espiritual.

Color de vela: azul y morado. Cristal: topacio. Elemento: fuego.

## LUNA NUEVA EN SAGITARIO

Es el momento de plantearnos qué actividades relacionadas con la espiritualidad nos llaman y nos gustaría comenzar. Tarot, yoga, astrología...

## LUNA CRECIENTE EN SAGITARIO

Momento perfecto para rituales relacionados con la buena suerte. También enfocados en la conexión espiritual y con conectar con nuestra intuición y nuestros dones psíquicos.

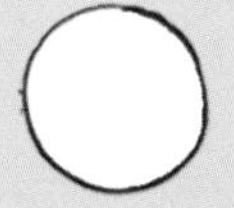

## LUNA LLENA EN SAGITARIO

Luna ideal para hacer una meditación guiada, yoga o algún ritual de buena suerte o relacionado con conectarnos con el mundo y abrir nuestros horizontes.

## LUNA MENGUANTE EN SAGITARIO

Se trata de una buena luna para romper bloqueos, hacer limpieza física y energética, y deshacernos de inseguridades que nos impiden avanzar en nuestro despertar espiritual.

# LUNA EN CAPRICORNIO

*La luna en los signos*

Rituales relacionados con la economía, lo laboral, la abundacia, la prosperidad económica, la determinación, fuerza y confianza en una misma, la ambición y tener la mente clara y fría.

Color de vela: marrón. Cristales: ónix, cuarzo ahumado. Elemento: tierra.

## LUNA NUEVA EN CAPRICORNIO

Es una buena fase lunar para planificar nuestras metas y objetivos profesionales y trazar un plan de acción para conseguirlos a lo largo del ciclo lunar. Pueden ser planes a corto, medio o largo plazo.

## LUNA CRECIENTE EN CAPRICORNIO

Es la mejor luna para hacer rituales relacionados con conseguir nuestros objetivos y mejorar nuestra vida laboral.

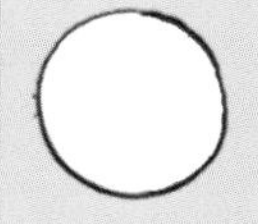

## LUNA LLENA EN CAPRICORNIO

El mejor momento para hacer un gran ritual de abundancia, económico o de seguridad en una misma.

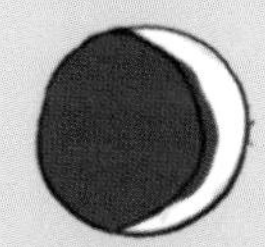

## LUNA MENGUANTE EN CAPRICORNIO

Es una buena fase para limpiar energéticamente y deshacernos tanto de inseguridades personales como de bloqueos económicos.

# LUNA EN ACUARIO

*La luna en los signos*

Rituales relacionados con la comunidad, el impacto e influencia social, la creatividad, la innovación, la revolución, lo disruptivo y la libertad.

Color de vela: azul. Cristales: turquesa, fluorita. Elemento: aire.

LUNA NUEVA EN ACUARIO

En esta fase las afirmaciones deben girar en torno a sentirnos más libres, más ligeras y sin ataduras para poder desarrollar nuestro potencial al máximo.

LUNA CRECIENTE EN ACUARIO

Esta fase es apropiada para atraer un cambio revolucionario en cualquier área de nuestra vida: social, amoroso, económico. Y en especial para lograr tener más vida social o amistades.

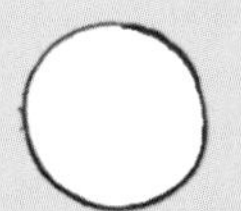

LUNA LLENA EN ACUARIO

Se trata de una luna maravillosa para potenciar la libertad, la agilidad y la lucidez mental. Dedícale tiempo si deseas sentirte más libre, racional y original en tus ideas y actos.

LUNA MENGUANTE EN ACUARIO

Se trata de la mejor luna para librarnos de bloqueos y situaciones, también de relaciones que coartan nuestra libertad personal o limitan nuestro devenir.

# LUNA EN PISCIS

*La luna en los signos*

Rituales relacionados con la inspiración, las habilidades psíquicas, la intuición, la creatividad, la empatía, la gestión emocional, los sueños y el idealismo.

Color de vela: azul, verde. Cristales: angelita, aguamarina. Elemento: agua.

LUNA NUEVA EN PISCIS

Es una luna perfecta para visualizar nuestros sueños y proyectarlos en el futuro vibrando desde la abundancia (en el capítulo 10 tienes más información sobre rituales de abundancia).

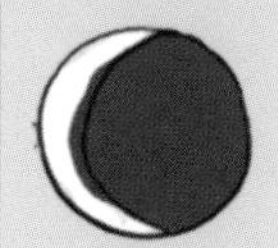

LUNA CRECIENTE EN PISCIS

Fase lunar ideal para conectar con nuestra parte intuiva y espiritual y crecer y mejorar en estos aspectos.

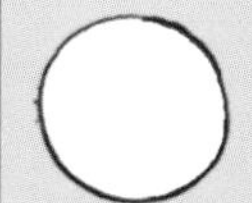

LUNA LLENA EN PISCIS

Es la luna más mágica, emocional, intuitiva y una de las más poderosas. Perfecta para trabajar en nuestra conexión con el universo y nuestros dones espirituales y psíquicos.

LUNA MENGUANTE EN PISCIS

La luna adecuada para descansar y para trabajar en nuestra «coraza emocional» para que las vibras y emociones de los demás no nos afecten de manera negativa.

# AGUA DE LUNA

DESCRIPCIÓN

El agua de luna es un agua cargada a la luz de la luna que absorbe sus propiedades y tiene multitud de usos mágicos. Dependiendo del signo y de la fase en la que esté la luna tendrá unas u otras propiedades.

¿CÓMO SE HACE EL AGUA DE LUNA?

Deja una botella transparente de vidrio a la luz de la luna y recógela antes de que amanezca. No le pongas un tapón, utiliza una tela o gasa para tapar la boca de la botella.

PROPIEDADES DEL AGUA DE LUNA SEGÚN LA FASE

- Luna nueva: no hay luz de luna, por lo tanto en esta fase no se hace agua de luna.
- Cuarto creciente: agua relacionada con el crecimiento, el potenciamiento y la atracción. Se usa en rituales con estas temáticas.
- Luna llena: es el agua de luna más popular y poderosa. Al estar cargada con la luz de la luna llena estará repleta de energía mágica, relacionada con el signo donde se encuentre.
- Cuarto menguante: luna indicada para realizar limpiadores, purificar y limpiar.

USOS DEL AGUA DE LUNA

- Limpiar y hacer limpiadores
- Infusiones y café
- Rituales y hechizos
- Regar plantas

DUDAS FRECUENTES

- ¿Se tiene que dejar toda la noche?
  No, con tres o cuatro horas es suficiente.
- ¿Le puede dar el sol?
  Es mejor guardarla en un lugar donde no le dé la luz solar directamente.

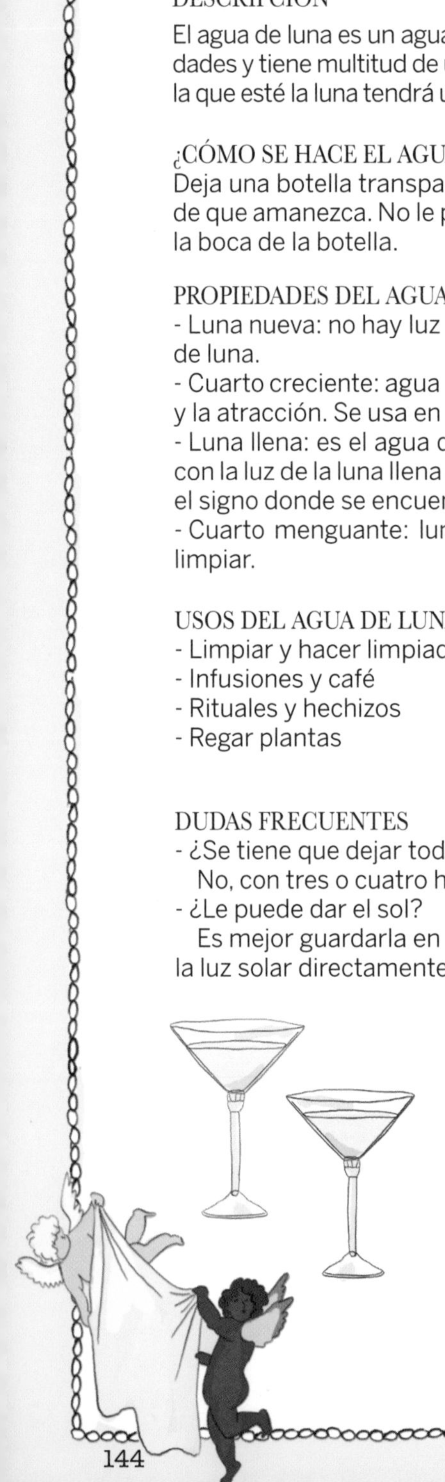

# EL CICLO LUNAR Y EL CICLO MENSTRUAL

- El ciclo lunar y el ciclo menstrual promedio tienen la misma duración (29 días).
- La palabra «menstruación» proviene de las palabras griegas «mes» (*mesis*) y «luna» (*mene*).

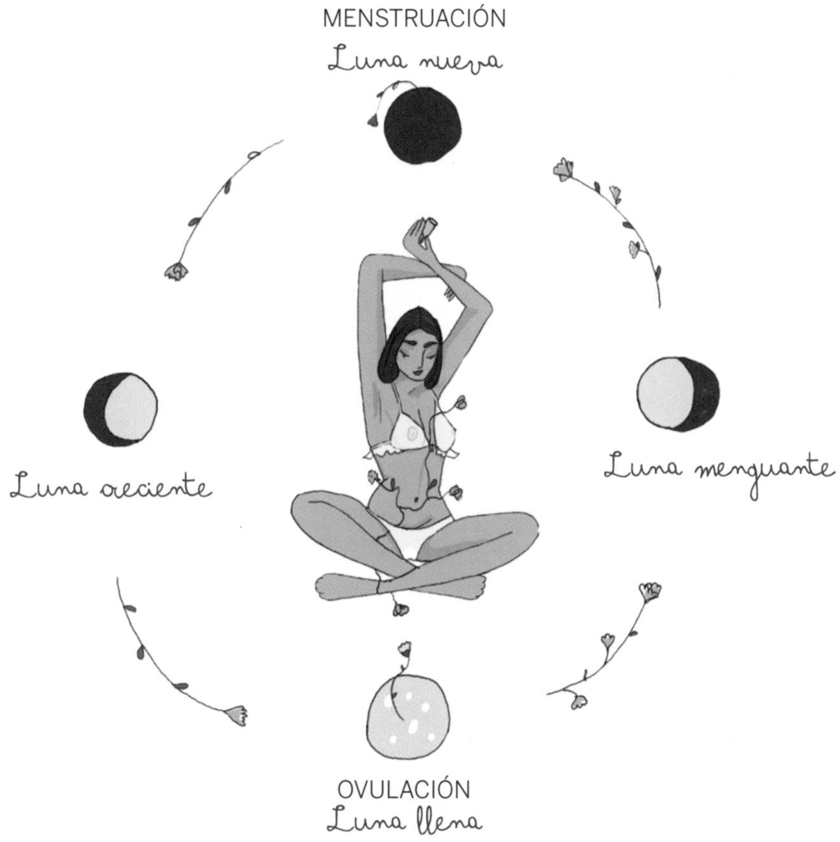

MENSTRUACIÓN
Luna nueva

Luna creciente

Luna menguante

OVULACIÓN
Luna llena

- La anciana sabia (menstruación, luna nueva): meditación, tranquilidad y descanso, bajar el ritmo.
- La doncella (fase preovulatoria, luna creciente): organización, productividad, altos niveles de energía.
- La madre (ovulación, luna llena): mayor deseo sexual, atracción y cariño.
- La hechicera (fase premenstrual, luna menguante): soledad, conexión espiritual, ajustes en nuestros tiempos.

# OTROS ASPECTOS ASTROLÓGICOS

## ECLIPSES

Por lo general, es mejor no hacer rituales en eclipses, pues la energía está revuelta y es muy potente; es mejor dejarnos llevar y no hacer rituales a no ser que controles mucho de magia o lo sientas muy en tu interior como algo bueno y necesario.

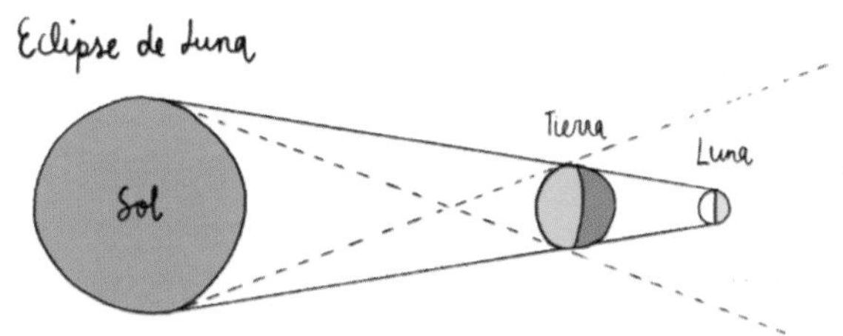


Solo hay eclipse de Luna en luna llena

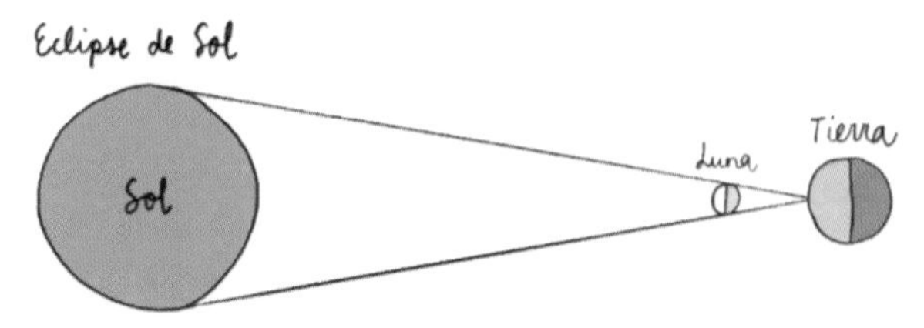


Solo hay eclipse de Sol en luna nueva

## RETRÓGRADOS

Algunas brujas dicen que es mejor no hacer hechizos cuando Mercurio, Venus o Marte están retrógrados (o incluso algún otro planeta). Para otras no hay ningún problema, si tu intención está clara y es firme. Haz lo que más te resuene.

## CLIMA ASTRAL

Antes de lanzar un proyecto conviene mirar cómo están los planetas. El mejor momento sería con el Sol en algún signo de fuego, y con buenos aspectos en Júpiter, Venus y Saturno.

El empresario, banquero y coleccionista de arte estadounidense J.P. Morgan dijo:

«Los millonarios no usan la astrología, los multimillonarios sí».

Pues eso... :)

# 9
# ADIVINACIÓN

Diferentes métodos de adivinación aparecen en todas las culturas. Estos sirven para prever sucesos que están por venir, saber o entender qué siente, desea o piensa otra persona, o conocer diversas situaciones del pasado, presente y futuro. Algunas herramientas, como el tarot, son también utilizadas como herramienta terapeútica y nos sirven para la introspección y el autoconocimiento. Por último, algunos métodos sirven para recibir mensajes de otros planos de la realidad. Puedes usar estas herramientas siguiendo tu intuición, pero también debes tener unos conocimientos. A continuación te explico cuáles necesitas.

Existen muchas más herramientas, pero voy a centrarme en las más comunes y en mis favoritas:

- Tarot
- Bola de cristal
- Péndulo
- Runas
- Lectura de mano
- Taseomancia o posos de té
- Velomancia
- Güija

# TAROT

## ¿Qué es el tarot?

El tarot es una baraja de cartas que tiene 78 naipes (22 arcanos mayores + 56 arcanos menores) que se utiliza de manera tradicional para la adivinación.

## Arcanos mayores y menores

Los arcanos mayores son 22 cartas que representan arquetipos, es decir, conceptos generales de la vida humana con un mensaje profundo y con nombre propio, la primera carta es el Loco (arcano 0) y la última, el Mundo (arcano 21). Veremos estas 22 cartas en detalle en las siguientes páginas. En una tirada, los mayores contienen mensajes importantes, matizados por los menores. Algunos tarotistas solo usan los mayores para echar las cartas. Si estás empezando es una buena forma, ya que esta manera es más sencilla.

Los arcanos menores se parecen a la baraja española en que tienen cuatro palos o familias (bastos, copas, oros y espadas). Cada palo simboliza una temática diferente. En mi tarot, el Tarot de Carlotydes, cada palo sigue una gama cromática diferente para ayudar en la interpretación. En el Tarot de Marsella, uno de los tarots clásicos, los arcanos menores se representan de manera similar a la baraja española. Los mayores tienen una ilustración elaborada; en cambio, el dibujo de los menores es más sencillo, representa los elementos de la carta (por ejemplo, el dibujo del naipe del tres de bastos es sencillamente tres bastos, nada más). La primera baraja de tarot que ilustra de manera más compleja, intentando explicar el significado de la carta, es la Rider-Waite, ilustrada por la artista Pamela Colman Smith y publicada en 1910. Grandes artistas a partir de ahí hicieron su versión del tarot, como Salvador Dalí o Leonora Carrington. Ilustradores y artistas actuales, entre los que me incluyo, han realizado su propio tarot. El mío, el Tarot de Carlotydes, contiene 78 arcanos, está basado en los tarots clásicos, pero he creado un sistema nuevo que agiliza y simplifica el aprendizaje. En las siguientes páginas podrás ver las ilustraciones de los arcanos mayores.

Pueden leerse las cartas según vayan saliendo en la tirada, teniendo en cuenta si nos miran o no (si están naturales o invertidas) o atendiendo solamente al significado al derecho. Como mejor lo sientas. También puede leerse interpretando que una carta al revés o invertida tiene el mismo significado que la carta que nos mira, pero el mensaje y la energía de la carta están bloqueados o tiene dificultades para manifestarse.

Carta natural   Carta invertida

**¿Qué necesitas para empezar a aprender tarot?**

- Una baraja que te guste: da igual cuál sea, pero debes sentirte atraida por ella, que te llame y conectes. Puede ser la Rider-Waite, la mía o la de otro artista que te llame. Puedes tener más de una y coleccionarlas.
- Un diario de tarot: se trata de una libreta donde ir apuntando todo lo que aprendas y en la que poder registrar tu aprendizaje.
- Paciencia: empieza poco a poco. Ve conectando con la energía de cada carta de una en una, estúdialas, empieza haciendo tiradas sencillas.
- Desarrollar tu intuición y conectar con tu baraja: fíate de tu instinto, de las sensaciones que te transmiten las cartas. Conecta con la baraja guardándola en tu espacio mágico o en un lugar especial, tocándola, mirando las cartas o incluso durmiendo con ellas.
- Limpiar y cargar la baraja: como cualquier otra herramienta mágica, debes limpiarla energéticamente al adquirirla (no, no hace falta que te la regalen, puedes comprarla tú misma). Cárgala para activarla y que coja tu energía (en el capítulo 5 te explico cómo hacerlo). Límpiala también al terminar de echarlas.
- Un tapete morado: puede ser de otro color, pero el morado se relaciona con la magia y la intuición. Cuando las eches, usa el tapete para distinguir el espacio.
- Una vela blanca o morada: para distinguir el momento, conectarte con el universo y ayudar a tu intuición.

# ARCANOS MAYORES

## 0- EL LOCO

Se relaciona con el elemento fuego, pero también con el conjunto de los cuatro elementos. Se considera el arcano 0 o el 22, según el sistema que se siga. Yo lo considero el 0 porque el Loco simboliza el potencial, el viaje de la vida. El Loco es el arcano iniciador, el atrevido. La espontaneidad, la inocencia y la fuerza de la juventud son conceptos que engloba esta carta. En la vertiente más negativa, la temeridad, la imprudencia y la toma de riesgos innecesarios.

A la hora de interpretar debemos tener en cuenta no solo el significado de la carta, sino de aquellas que la rodean en la tirada y cómo se relacionan entre sí.

### SIGNIFICADO AL NATURAL

En una tirada nos indica un comienzo, un consejo, el de lanzarse, el de atreverse, apostar por la aventura, por un enfoque menos racional y más inocente. Puede hablarnos de la energía vital propia de los adolescentes, que simplemente están ávidos por comenzar, por lanzarse a explorar. Puede querer decirnos que conectemos con esa parte de nosotras mismas, con la salvaje, la rebelde. En general, también puede hablarnos de una nueva etapa que comenzamos con ilusión, emprendimientos.

En el amor, nos indica una relación divertida, pero no de un compromiso serio. En el trabajo, tus ideas pueden ser vistas como algo locas, demasiado innovadoras para las personas estándar. En el dinero, es una buena carta, una nueva fuente de ingresos inesperada, por ejemplo. En lo espiritual, un nuevo camino de aprendizaje.

### SIGNIFICADO INVERTIDO

El significado invertido de la carta nos habla de tener actitudes imprudentes que pueden perjudicarnos. Puede haber posibles engaños y puede que alguien esté aprovechándose de tu ingenuidad. También, que estés siendo demasiado cortoplacista y deberías planear más el futuro, que tu estilo de vida es algo caótico y no te está beneficiando. Inestabilidad, problemas con temas como la libertad o la independencia.

## I- EL MAGO

Se relaciona con el elemento aire, en concreto con el planeta Mercurio, que es el regente de Virgo y Géminis. Se considera el arcano 1. El Mago es el arcano que nos habla de nuestros recursos lógicos e intelectuales. Nuestra capacidad mental para sacar nuestros proyectos o ideas adelante, conectando la capacidad intelectual, las herramientas y los resultados.

A la hora de interpretar debemos tener en cuenta no solo el significado de la carta, sino de aquellas que la rodean en la tirada y cómo se relacionan entre sí.

### SIGNIFICADO AL NATURAL

En una tirada nos indica energía buena, proactiva, relacionada con la fuerza de voluntad y la capacidad de hacer nuestros deseos realidad. El mensaje girará en torno a aprovechar los recursos a tu disposición a través de tu inteligencia para su realización. Como ves, tiene mucho más que ver con la mente que con las emociones, por lo que en general nos hablará de temas relacionados con el trabajo o los recursos materiales. Si el Mago nos aparece en una tirada relacionada con el amor, no indica una pasión desmedida, sino más bien lo contrario. Por un lado, puede indicar que es una relación beneficiosa a nivel práctico, o que tu persona de interés es muy resuelta y lógica. Si estás buscando el amor, puede ser un momento favorable, aprovecharás las ocasiones que surjan.

### SIGNIFICADO INVERTIDO

El significado invertido de la carta nos habla de que podemos estar siendo manipuladas, de tener dudas o estar insegura con las capacidades de una misma o de la persona por la que estamos preguntando. También puede señalar que estás distraída, tienes falta de claridad mental, no tienes tus objetivos claros y, por lo tanto, un desaprovechamiento de oportunidades. Te invita a poner en orden tu mente y que veas que los recursos pueden estar ahí mismo, aunque en el momento no seas consciente.

## 2- LA SACERDOTISA

Se trata de la carta número 2 y se relaciona con el elemento agua.

Esta carta nos habla de la intuición, la sabiduría, la espiritualidad y la sensibilidad, considerada tradicionalmente femenina. También de lo subconsciente, nuestra voz interior y la guía espiritual que nos orienta en los momentos de crisis. Es una de las cartas con mayor energía femenina, enfocada desde ese lado espiritual y sensible.

A la hora de interpretar debemos tener en cuenta no solo el significado de la carta, sino de aquellas que la rodean en la tirada y cómo se relacionan entre sí.

### SIGNIFICADO AL NATURAL

En una tirada nos indica una sensibilidad y una espiritualidad y sabiduría notables. También se relaciona con la feminidad, con las madres, con la maternidad. Si preguntamos acerca de una persona, también nos puede indicar algo de misterio en ella. Puede ser una persona sabia o que conoce ciertos aspectos pero no los desvela alegremente, guarda esos conocimientos como un valioso tesoro. La carta nos habla de sensatez, sensibilidad y experiencia.

En el amor, esta carta puede sugerir una conexión muy mágica e incluso espiritual. Pero también denota que la otra persona (especialmente si es una mujer) está fuera del alcance de la persona interesada o que esta no se desvela totalmente. Si eres mujer, indicará que tienes un atractivo mágico y misterioso.

En el trabajo es una buena carta, tienes una buena posición, pero te invita a observar y a no desvelar todo lo que sabes.

### SIGNIFICADO INVERTIDO

Cuando la carta de la Sacerdotisa aparece invertida, nos centramos en la vertiente negativa de la carta: intenciones ocultas, personas que pueden estar haciendo cosas que pueden perjudicarte sin que tú lo sepas. También se trata de una invitación a escuchar tu voz interior y centrarte en ti misma para descubrir tu verdad.

## 3- LA EMPERATRIZ

Se trata de la carta número 3 y se relaciona con el elemento aire, con el planeta Venus y los signos de Tauro y Libra (aunque la Justicia suele representar a Libra).

La Emperatriz nos habla de feminidad, pero desde un punto de vista de poder femenino. Representa a un mujer plena, con sus prioridades claras y que ejecuta a la perfección sus funciones. También es algo misteriosa y sutil. Se relaciona también con la energía sexual femenina.

Debemos tener en cuenta a la hora de interpretar no solo el significado de la carta, sino de aquellas que la rodean en la tirada y cómo se relacionan entre sí.

### SIGNIFICADO AL NATURAL

Se trata de una carta que puede hablar de una mujer (o de ti misma si consultas y eres mujer) que es considerada valiosa y es atractiva para los demás por ser segura, buena y madura. También nos habla de compartir nuestro conocimiento y estar abiertos a prestar ayuda a los demás, basándonos en nuestra propia experiencia. En el amor, nos habla de un amor pleno, estable. Te sentirás atractiva y atraerás al resto por tu seguridad y la calma que desprendes. En el trabajo también nos hablará de estabilidad y de cómo los demás te perciben como una persona sabia, comprometida y resolutiva.

### SIGNIFICADO INVERTIDO

El significado invertido de la carta de la Emperatriz nos habla de sentirnos poco valiosos, estar poniendo a los demás por delante, y en general, no darle el valor que merece a nuestra persona. Puedes sentirte insegura y estar descuidando tu conexión con tu parte femenina. Se trata de una invitación a tomar contacto de nuevo contigo misma y trabajar en ver lo mucho que vales.

# 4- EL EMPERADOR

Se relaciona con el elemento fuego y con el signo de Aries. Se considera el arcano 4, y nos habla de la energía masculina (entendida de manera tradicional) como autoridad, como la figura del padre y las estructuras tradicionales. Un poco «patriarcado energy». Nos habla también del materialismo, de las posesiones terrenales y los logros personales y profesionales.

A la hora de interpretar debemos tener en cuenta no solo el significado de la carta, sino de aquellas que la rodean en la tirada y cómo se relacionan entre sí.

## SIGNIFICADO AL NATURAL

En una tirada nos puede estar hablando de una figura de autoridad (sea hombre o mujer; de manera tradicional se asocia a un hombre). Esta persona tiene una energía muy dominante, un estatus de poder y autoridad normalmente basado en sus posesiones materiales o en el lugar que ocupa en un proyecto, en una empresa o en la sociedad. También es una carta que nos invita a ser firmes y seguros a la hora de tomar decisiones, y nos habla de seguridad y autoestima en nosotras mismas y en determinadas situaciones. En el amor, nos habla de una relación donde existe un vínculo ligado al sexo y al plano material, más que a una conexión emocional. En el trabajo se trata de una buena carta, autoridad y seguridad.

## SIGNIFICADO INVERTIDO

El significado invertido de la carta del Emperador enfatiza la faceta negativa de todo esto: soberbia, exceso de control, tendencia a ser dominante y poco empática. Es un indicador de que podemos estar siendo demasiado impulsivas y deberíamos darle más peso a estar tranquilas y usar la razón, buscando un ten con ten entre nuestra parte racional y nuestra parte emocional.

# 5- EL SACERDOTE

Se relaciona con el elemento tierra y, en concreto, con el signo de Tauro. Se considera el arcano 5.

El Sacerdote, Hierofante o Sumosacerdote (dependiendo del tarot que empleemos), es la contraparte masculina de la Sacerdotisa. El Sacerdote nos habla de nuestros valores, la moral y lo que es ético.

A la hora de interpretar debemos tener en cuenta no solo el significado de la carta, sino de aquellas que la rodean en la tirada y cómo se relacionan entre sí.

## SIGNIFICADO AL NATURAL

En una tirada nos indica una situación en la que tendremos que decidir, posiblemente, si algo es bueno. También algún tipo de situación en la que nos planteemos temas morales y éticos como qué es lo bueno, o cómo podemos saber si algo realmente es bueno o malo. Esta carta nos invita a buscar la respuesta en nosotras mismas, también a tener en cuenta los valores tradicionales o lo que es la tradición, para darnos cuenta de que trascendiéndolos podemos encontrar una verdad universal. Si preguntamos por alguien, nos habla de una persona muy refugiada en la espiritualidad que tiene unos valores morales muy elevados. En el amor nos habla de empatía y una relación tradicional. En el trabajo nos habla de fiarnos de la experiencia y dar valor a los maestros o personas experimentadas.

## SIGNIFICADO INVERTIDO

En general, esta carta invertida nos habla de tener dudas sobre qué es lo correcto, o vernos envueltas en una situación que puede no ser beneficiosa a nivel espiritual o moral para nosotras o los demás. También nos habla de desafiar al poder establecido, ir en contra de las normas y sobre la rebeldía.

# 6- LOS ENAMORADOS

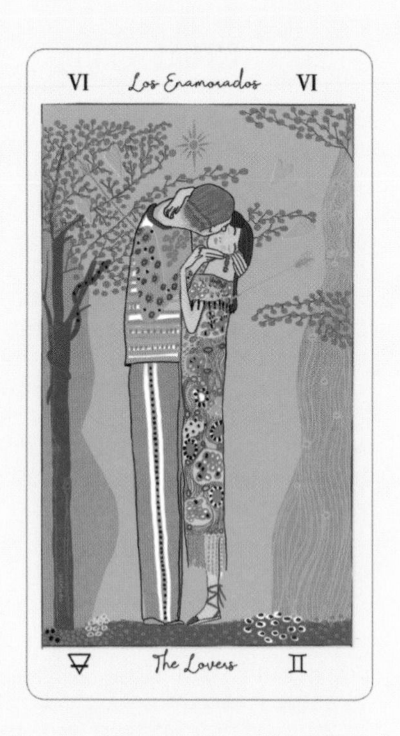


Se relaciona con el elemento aire y con el signo de Géminis. Aunque también puede relacionarse con el elemento tierra.

Los Enamorados nos habla claramente del amor, del romántico, pero también de las relaciones en general entre personas, los intercambios y la amistad y las cosas que tenemos en común con otras personas.

A la hora de interpretar tenemos que tener en cuenta no solo el significado de la carta, sino de aquellas que la rodean en la tirada y cómo se relacionan entre sí.

## SIGNIFICADO AL NATURAL

Esta carta nos habla de las relaciones entre personas. En este sentido, tiene una connotación positiva. En estas relaciones, o relación, la comunicación fluye y existe una sintonía entre los sentimientos y afectos de ambas personas. También podemos tomarla en un sentido más literal: una relación romántica o de pareja, una boda o un proceso de enamoramiento. En el amor es, obviamente, una de las mejores cartas que podemos encontrarnos, y aunque puede hablarnos de un fuerte vínculo, suele referirse a las primeras etapas de una relación. En el trabajo, nos invita a enfocarnos en las relaciones con los demás, a estar concentrados en comunicarnos y formar un equipo de trabajo, no hacerlo todo nosotras solas.

## SIGNIFICADO INVERTIDO

El significado invertido de la carta de los Enamorados nos habla de un desequilibrio en nuestras relaciones afectivas, una frustración por no saber relacionarnos o algún problema con nuestra pareja: puede ser de comunicación, no tener el mismo tipo de intereses o sentimientos..., problemas de pareja en general. En esta posición, esta carta nos invita a buscar el reestablecimiento del equilibrio en nuestras relaciones a través de la comunicación.

## 7- EL CARRO

Se relaciona con el elemento fuego y el Sol o el planeta Marte, aunque también con el signo de Cáncer.

El Carro es una carta generalmente positiva, pero depende del contexto. Normalmente nos habla de un «sí» a nuestra pregunta, avances, fuerza y ánimos para alcanzar aquello que deseamos. La victoria está en nuestra mano.

A la hora de interpretar debemos tener en cuenta no solo el significado de la carta, sino de aquellas que la rodean en la tirada y cómo se relacionan entre sí.

### SIGNIFICADO AL NATURAL

En una tirada nos indica que estamos en un momento donde los acontecimientos se suceden de manera rápida, que avanzamos en la dirección deseada, que saldremos victoriosas, el éxito está cerca y vamos a alcanzarlo. También, de manera más literal, la carta del Carro puede hablarnos de un viaje o mudanza, así como de asuntos relacionados directamente con coches. También puede referirse a un cambio de lugar en tu vida (de manera más metafórica), pero siempre un cambio que tú percibas como positivo. En el amor puede tratarse de una relación donde las cosas vayan muy deprisa o tú (o la otra parte implicada) sientas que las cosas van demasiado rápido. También nos anima a declararnos o poner las cartas sobre la mesa. En el trabajo, un momento de energía y de mirar a largo plazo.

### SIGNIFICADO INVERTIDO

El significado invertido de la carta nos habla de no estar controlando la situación que nos toca vivir, sentir que no llevamos las riendas en el aspecto de la vida que nos preocupa. La carta nos invita a no buscar culpables, dejarse fluir y no intentar controlarlo todo.

## 8- LA FUERZA

Se relaciona con el elemento fuego y con el signo de Leo. Se considera el arcano número 8.

La carta de la Fuerza nos habla de la fuerza interior y de virtudes relacionadas con la misma: la determinación, la seguridad, la paciencia y el control sobre una misma, su cuerpo y sus emociones. Tradicionalmente se representa con una mujer abriendo las fauces a un león.

A la hora de interpretar debemos tener en cuenta no solo el significado de la carta, sino de aquellas que la rodean en la tirada y cómo se relacionan entre sí.

### SIGNIFICADO AL NATURAL

Cuando la carta de la Fuerza aparece en una tirada de tarot en posición natural (mirando hacia nosotras, la persona que tira las cartas), nos habla de una situación o de alguien con una férrea voluntad, valentía, paciencia, equilibrio entre cuerpo y mente y, generalmente, suerte, entendida como una persona que le va bien precisamente por su trabajo y por el dominio de sí misma. Tu mente debe controlar tu cuerpo y tus impulsos, no al revés. Tanto en el amor como en el trabajo, se trata de una buena situación, un momento fuerte y seguro que podemos estar atravesando (o que atravesaremos).

### SIGNIFICADO INVERTIDO

El significado invertido de la carta de la Fuerza nos habla de una falta de control sobre nosotras mismas: podemos estar sucumbiendo a la pereza, la impaciencia... En general, la falta de control sobre nuestras emociones y nuestra mente. La carta nos recomienda volver a tomar contacto con nosotras mismas, tomar tierra y volver a trabajar poco a poco en nuestra seguridad y en buscar algo de orden.

## 9- EL ERMITAÑO

Se relaciona con el elemento tierra y es la carta relacionada con el signo de Virgo.

El Ermitaño nos habla de la sabiduría, la experiencia y la necesidad de silencio y soledad para conocernos a nosotras mismas. Se trata de una carta cuya temática fundamental es la búsqueda espiritual.

A la hora de interpretar debemos tener en cuenta no solo el significado de la carta, sino de aquellas que la rodean en la tirada y cómo se relacionan entre sí.

### SIGNIFICADO AL NATURAL

El Ermitaño es una carta que nos habla de un viaje de búsqueda espiritual en compañía de una misma, de introspección y sentido profundo de la vida. El Ermitaño nos invita a buscar la realización personal en lo espiritual, lo interno y el autoconocimiento, y no tanto en los placeres terrenales o en las gratificaciones inmediatas. Puede indicar un periodo de soledad, pero no necesariamente de sentirse sola. Desde luego mostrará una búsqueda del sentido de una verdad más allá de lo evidente. En el amor, la carta del Ermitaño puede hablarnos de una relación muy significativa, sobre todo de aquel momento vital que vuelve para ser revisado. También de la búsqueda de un amor más sereno y maduro. En el trabajo la carta nos invita a centrarnos en el rigor y el estudio.

### SIGNIFICADO INVERTIDO

El significado de la carta del Ermitaño cuando aparece invertida sí puede tener que ver con sentimientos de aislamiento, soledad y desamparo. Puede referirse a que necesites ese parón o aislamiento por un tiempo o, también, puede ser que hayas entrado en un bucle de aislamiento que no es beneficioso para ti y que es necesario frenar.

# 10- LA RUEDA DE LA FORTUNA

Se relaciona con el elemento tierra y el planeta Júpiter, que es el regente tradicional de la fortuna y la buena suerte. Se considera el arcano número 10.

La Rueda de la Fortuna, más que de un golpe de buena suerte, nos quiere hablar de lo inesperado, de los giros que da la vida, y enseñarnos que a veces estás arriba y, de pronto, estás abajo.

A la hora de interpretar debemos tener en cuenta no solo el significado de la carta, sino de aquellas que la rodean en la tirada y cómo se relacionan entre sí.

## SIGNIFICADO AL NATURAL

En una tirada la Rueda de la Fortuna nos habla de un momento donde pueden cambiar las cosas y el destino tiene algo imprevisto reservado para nosotras. También nos puede querer hablar de ser prudentes con la ostentación o la soberbia, porque un día las cosas pueden irte bien, pero al siguiente pueden ir terriblemente mal, o a la inversa; las cosas cambian de golpe muchas veces para bien y para mal. En otros casos, aun así, también puede hablarnos de buena suerte o de un golpe del destino a nuestros planes. Muchas veces lo mejor es dejarse llevar y asumir que la vida suele ser cíclica y cambiante. En preguntas donde buscamos una respuesta cerrada (sobre todo cuando buscamos un «sí» o un «no») esta carta no nos quiere dar una respuesta contundente. Tanto en el trabajo como en el amor la Rueda de la Fortuna nos anima a disfrutar, si estamos en un buen momento, y a pensar que ningún mal es para siempre, si no estamos atravesando un buen momento. Nos invita a asumir que nada es eterno, ni para bien ni para mal.

## SIGNIFICADO INVERTIDO

El significado invertido de la carta nos habla de un periodo donde las cosas puede parecer que no salen como nos gustaría, podríamos decir de «mala suerte». La lección que nos brinda la carta en esta posición es que a veces la vida no nos da lo que queremos, pero no nos queda otra que seguir hacia delante y ver qué inesperados caminos se abren ante nosotras.

## II- LA JUSTICIA

Se relaciona con el elemento aire, en concreto con Libra, el signo zodiacal que está representado por una balanza, y con su regente, el planeta Venus.

La Justicia, además de poder hablarnos de manera literal de asuntos jurídicos, hace referencia al equilibrio, al balance, la ecuanimidad y la honestidad.

A la hora de interpretar debemos tener en cuenta no solo el significado de la carta, sino de aquellas que la rodean en la tirada y cómo se relacionan entre sí.

### SIGNIFICADO AL NATURAL

En una tirada nos indica que el proceso en el que estemos envueltas no tendrá una rápida resolución, será un proceso lento, ya que se trata de una carta muy estática. Nos recomienda seguir las reglas, hacer las cosas bien, tener cabeza y confiar en que cuando el momento sea propicio, el resultado será positivo para nosotras, si hemos hecho las cosas como es debido. Si nuestra pregunta está relacionada con tomar una decisión, esta carta nos invita a que decidamos según lo que es verdadero y justo, sin intereses ocultos ni mentiras. En el amor se trata de una carta positiva, donde, si hemos establecido unas buenas bases de honestidad y confianza, las cosas fluirán. En el trabajo nos recomienda actuar de forma ecuánime, justa y equilibrada. Si estamos preguntando por alguien, la carta nos habla, evidentemente, de una persona justa y clara.

### SIGNIFICADO INVERTIDO

El significado invertido de la carta de la Justicia nos hace ver que podemos estar en una situación de desequilibrio o injusticia. Podemos estar pagando las consecuencias de nuestros actos o las consecuencias de los actos de otras personas, pero se producirá una situación que percibiremos como injusta o bien como «karma» hacia nosotros o la persona sobre la que estamos consultando; hay una lección que aprender en este sentido.

## 12- EL COLGADO

Se relaciona con el elemento aire y se considera el arcano 12.

Al Colgado a veces se le llama el Ahorcado, pero no es un nombre acertado, ya que la carta intenta reflejar más una situación en la que estás suspendido, en el aire y un poco en el limbo; en ningún caso tiene que ver con un ahorcamiento o castigo de ningún tipo.

A la hora de interpretar debemos tener en cuenta no solo el significado de la carta, sino de aquellas que la rodean en la tirada y cómo se relacionan entre sí.

### SIGNIFICADO AL NATURAL

En una tirada nos indica una situación de parón, de estar detenidos en el espacio y tiempo o en un momento de nuestra vida. No solo eso. En este momento de parón estamos en una postura incómoda, nueva o desafiante, donde no estamos totalmente a gusto y en la que desempeñamos un papel que no sabemos si es el adecuado. Pero esto tiene una parte muy positiva. Este papel desafiante nos permite ver las cosas con un nuevo enfoque y punto de vista, ampliando nuestros horizontes y ofreciéndonos una nueva visión de quiénes somos o qué estamos haciendo. También nos muestra que podemos estar en una situación donde nos sintamos incapaces de hacer un cambio, atrapados y sacrificándonos a nosotras mismas por el bien de los demás. La invitación consiste en tratar de ver las cosas desde otro prisma para saber qué dirección tomar, aprovechando la circunstancia extraña donde estamos. En el amor y el trabajo puede hacernos ver que nos sentimos algo estancados o en una circunstancia donde podemos aprovechar para enfocar las cosas de una forma diferente.

### SIGNIFICADO INVERTIDO

En sentido invertido, la carta del Colgado nos puede hacer ver, por un lado, que nosotras creemos llevar razón y estar viendo las cosas tal como son, pero realmente no estamos contemplando las cosas desde la verdad, sino desde nuestra visión parcial y limitada. También podemos sentirnos atrapadas o atadas, sin salidas. La invitación, una vez más, es abrazar la incomodidad y tratar de darle otro enfoque a los problemas.

## 13- LA MUERTE

Se relaciona con el elemento agua, en concreto con el signo de Escorpio y el planeta Plutón, ambos relacionados con los ciclos de la vida, la transformación y el cambio.

La carta de la Muerte en rarísimas ocasiones se refiere a una muerte literalmente. Lo más común es que se refiera al fin de alguna circunstancia o etapa (buena o mala).

A la hora de interpretar debemos tener en cuenta no solo el significado de la carta, sino de aquellas que la rodean en la tirada y cómo se relacionan entre sí.

### SIGNIFICADO AL NATURAL

En una tirada la carta de la muerte nos habla del fin de un ciclo y el comienzo de otro nuevo. Nos recuerda que nada es para siempre, pero al igual que nos anuncia el final de una etapa, relación o cualquier tipo de circunstancia, nos avisa de que a consecuencia de ello estamos entrando en una nueva etapa de nuestra vida. Normalmente, se trata de un cambio inesperado y que no decidimos nosotras de manera activa, sino que más bien sufrimos ese cambio. El mensaje fundamental de la carta es que debemos asumir ese cambio como parte de la vida y abrazar la nueva etapa que se presenta ante nosotras. En una relación o trabajo, en la forma más radical de verlo, puede ser un punto final, pero también puede suponer un punto y aparte: un cambio o final de etapa dentro de la propia relación o trabajo sin que necesariamente se relacione con una ruptura o despido (aunque puede ser así).

### SIGNIFICADO INVERTIDO

El significado invertido de la carta de la Muerte es similar al de la carta al derecho, pero con un matiz muy importante: mientras que al natural recibes el cambio con aceptación, haciéndolo así más fácil, al revés el consultante mostrará mucha resistencia a este cambio, lo que supondrá sufrimiento. La lección estará en integrar esta carta y asumir que nada en la vida es para siempre, y que un final significa un nuevo comienzo.

# 14- LA TEMPLANZA

Se relaciona con el elemento tierra y con el signo zodiacal de Sagitario (aunque se trate de un signo de fuego). Se considera el arcano número 14.

La templanza muestra el significado relacionado con esa virtud: paciencia, mesura, ecuanimidad y tranquilidad frente a las situaciones en las que nos pone la vida. Dejarse fluir.

A la hora de interpretar debemos tener en cuenta no solo el significado de la carta, sino de aquellas que la rodean en la tirada y cómo se relacionan entre sí.

## SIGNIFICADO AL NATURAL

En una tirada nos indica las virtudes de la paciencia y el control sobre una misma. Tiene que transmitirnos el mensaje de ser ecuánimes, estar calmadas y tranquilas ante un problema. Dejarnos fluir como el agua que se ve en la carta, sin perder los nervios ni la cabeza en el proceso. Es una carta que nos recomienda tomar un camino intermedio, controlar nuestras emociones y pensamientos y no ser radicales en las decisiones que tomemos, dejar reposar las cosas y decidir desde un momento de serenidad y calma, nunca de agitación. También nos habla de la capacidad para adaptarnos a las circunstancias y a los demás, a ser como el agua. En el amor muestra un momento de mucha paz donde encuentras apoyo y calma en la otra persona, y es recíproco. En el trabajo indica que mantendrás la tranquilidad y los demás te verán como una persona juiciosa, calmada y tranquila.

## SIGNIFICADO INVERTIDO

El significado invertido de la carta de la Templanza nos habla de perder los papeles, la tranquilidad y la serenidad y de estar atravesando un momento turbulento. La carta nos invita a tomar distancia, serenarnos y hacer el esfuerzo por recuperar la tranquilidad con un proceso de búsqueda interna. Aunque para ello podemos buscar apoyo en los demás.

# 15- EL DIABLO

Se relaciona con Saturno y Capricornio. No porque los capris sean muy malos, sino porque es una carta relacionada con los límites y las cadenas que nos autoimponemos (y los capris somos bastante de ese palo, de ponernos cargas a nosotras mismas sin motivo).

El diablo, por lo tanto, nos habla por un lado de las limitaciones autoimpuestas y, por el otro, de las acciones problemáticas.

A la hora de interpretar debemos tener en cuenta no solo el significado de la carta, sino de aquellas que la rodean en la tirada y cómo se relacionan entre sí.

XV El Diablo XV

♄ The Devil ♑

## SIGNIFICADO AL NATURAL

En una tirada nos indica una situación en la que estamos obrando en contra de nuestro beneficio a largo plazo por basar nuestro bienestar en satisfacciones muy cortoplacistas. Nos puede hablar de los vicios, del sexo (sobre todo sin intimidad, como algo puramente físico) y de las cadenas que nos ponemos sin darnos cuenta, de que nos estamos autolimitando y haciéndonos sentir mal a nosotras mismas sin motivo. Te puedes sentir víctima de tus circunstancias, pero la llave para cambiar tu situación está en tu mano, solo tienes que darte cuenta de lo poderosa que eres. Nos muestra que muchas veces somos víctimas de nuestro carácter y debilidades y está en nuestra mano trabajarlo. En una relación nos puede hablar de una que se basa en el sexo y en lo físico, o una algo tóxica y a la que nos sentimos emocionalmente atadas. En el trabajo nos habla de aquel que no nos gusta, pero del que no podemos despedirnos porque lo sentimos como una obligación. En ambos casos, la carta nos muestra que está en nuestra mano dar un puñetazo en la mesa y cambiar nuestro destino.

## SIGNIFICADO INVERTIDO

El significado invertido de la carta nos habla de liberación. De salir de una situación donde nos sentíamos mal y, poco a poco, deshacernos de ella y sentirnos libres.

## 16- LA TORRE

Se relaciona con el elemento fuego y es considerada el arcano 16.

Aunque en un primer vistazo puede dar bastante miedo, no es una carta tan negativa como parece, ya que, como todos los arcanos, tiene un aprendizaje que transmitir.

A la hora de interpretar debemos tener en cuenta no solo el significado de la carta, sino de aquellas que la rodean en la tirada y cómo se relacionan entre sí.

### SIGNIFICADO AL NATURAL

La Torre es una de las cartas más impactantes (quizá la que más) de una tirada de tarot. La Torre señala un momento vital, ciertamente no sencillo ni agradable, un momento de destrucción y muchos cambios. No se trata de algo negativo que nos pase de manera puntual, sino más bien de un proceso interno en el que nos planteamos muchas cosas que creíamos ciertas y, de repente, todas esas verdades que considerábamos absolutas se vienen abajo, y la vida nos obliga a cambiar. Nos replantearemos quiénes somos de una manera profunda y consciente. De todo este proceso surgirá una nueva versión de nosotras mismas, pero a través de un suceso o circunstancia que nos obligará a destruir nuestra versión anterior. En el amor, no es una carta positiva, pero sí puede indicar el fin de una relación que en el fondo nos estaba impidiendo evolucionar y pasar al siguiente nivel en la vida o en el trabajo.

### SIGNIFICADO INVERTIDO

El significado invertido de la carta de la Torre es muy parecido a cuando sale al derecho, pero en este caso es un cambio menos doloroso y drástico. Se tratará de una transformación mas sutil, suave y fácil de integrar. Puedes sufrir también miedos e inseguridades, pero en el fondo serás consciente de que el cambio será positivo para ti.

# 17- LA ESTRELLA

Se relaciona con el elemento aire y con el signo de Acuario.

La Estrella, tal como muestra la imagen, nos habla de algo luminoso, puro, brillante y afortunado. Un buen momento, algo mágico y bueno para ti o para el consultante o la circunstancia por la que estés preguntando.

A la hora de interpretar debemos tener en cuenta no solo el significado de la carta, sino de aquellas que la rodean en la tirada y cómo se relacionan entre sí.

## SIGNIFICADO AL NATURAL

En una tirada la carta de la Estrella es una de las mejores que podemos encontrarnos, no tiene prácticamente ninguna connotación negativa. Esta carta simboliza muchas virtudes: la inspiración, la tranquilidad, la buena suerte, la espiritualidad. Señala que el asunto por el que preguntas es afortunado, saldrá bien, tiene «buena estrella». Tu vida es guiada por tu mente racional, y las emociones la acompañan. De esta manera mente y corazón van de la mano, juntos, de una forma fluida, luminosa y natural. En el amor la Estrella es una gran carta donde destacan la ilusión y una relación bonita y pura en la que realmente te sientes bien. En el trabajo significa encontrar algo que te gusta, que se te da bien, que disfrutas y donde sientes que todo fluye.

## SIGNIFICADO INVERTIDO

El significado invertido de la Estrella no es negativo en absoluto, simplemente este significado tan magnífico y brillante se vuelve más sereno y menos espectacular, pero sigue siendo positivo.

## 18- LA LUNA

Se relaciona con el elemento agua, la Luna como astro y el signo de Piscis. En la astrología el regente de Cáncer es la Luna, pero en tarot, sin embargo, se relaciona con el signo de los peces.

Nos habla de lo oculto, lo misterioso, la feminidad, la intuición, el inconsciente, lo onírico, las angustias y los sueños.

A la hora de interpretar debemos tener en cuenta no solo el significado de la carta, sino de aquellas que la rodean en la tirada y cómo se relacionan entre sí.

### SIGNIFICADO AL NATURAL

En una tirada nos indica una situación sugerente e inspiradora, pero también poco clara, casi irreal, donde sentimos esperanza por que todo salga bien, pero también miedos, ansiedades y una especie de sentido de irrealidad: sentimos que las cosas no son lo que parecen. También nos invita a adentrarnos en el mundo de lo esotérico y lo espiritual y a que sigamos nuestra intuición. Esta carta nos conecta con nuestro lado femenino, intuitivo, con lo voluble y emocional. Nos habla de nuestros sentimientos y sensaciones, buenas y malas, y cómo las vemos reflejadas en los demás y las proyectamos de manera consciente o inconsciente. Las ilusiones, los engaños y la imaginación también juegan un papel fundamental en este mundo onírico donde todo parece relativo e ilusorio. Nos puede hablar también de hechos o datos que están ocultos. En el amor muestra inseguridades y miedos; en el trabajo, cosas que no están claras.

### SIGNIFICADO INVERTIDO

El significado invertido de la carta de la Luna simboliza que por fin podemos superar estas dudas, miedos y desconfianzas. También nos puede hablar de que aquellas cosas que estaban ocultas finalmente se desvelan y muestran su verdadera cara o significado.

## 19- EL SOL

Se relaciona con el elemento fuego, con el Sol como astro y la energía de Leo.

El Sol es el arcano número 19 y simboliza nuevos comienzos, lo luminoso, la niñez, lo seguro y visible. Es una carta generalmente muy positiva, alentadora y feliz.

A la hora de interpretar debemos tener en cuenta no solo el significado de la carta, sino de aquellas que la rodean en la tirada y cómo se relacionan entre sí.

### SIGNIFICADO AL NATURAL

En una tirada la carta del Sol nos muestra un nuevo comienzo, desde la inocencia, la felicidad y la esperanza. En una pregunta de sí o no, se trata de un sí rotundo. Representa la calidez, las relaciones bonitas con los demás y con nosotras mismas. Situaciones en las que nos sentimos bien y nos sentimos miradas, donde nuestra niña interior está pletórica. Se suele relacionar con lo externo, lo que está a la luz y con la parte masculina. En el amor puede simbolizar una nueva relación que nos ilusione, pero también un nacimiento de un niño o proyecto en común. En el trabajo, nuevas oportunidades y situaciones beneficiosas.

Al dibujar mi tarot, me gustó replantearme la asociación patriarcal entre lo interno y poco claro (la mujer, la luna) y lo externo, seguro y luminoso (el hombre, el sol) y por eso decidí representar ambas cartas con figuras femeninas, para mostrar tanto las virtudes de una como las de la otra desde un nuevo punto de vista.

### SIGNIFICADO INVERTIDO

El significado invertido de la carta nos habla de algo mucho más apagado y hasta triste. La falta de ilusión, las decepciones y situaciones que no han cumplido nuestras expectativas, una desilusión amorosa. Aunque tiene este matiz más triste, no se trata tampoco de un mensaje terrible, simplemente algo pasajero que pronto quedará atrás.

## 20- EL JUICIO

Se relaciona con el elemento aire, y en algunas tradiciones con el signo de Acuario.

Se considera el arcano 20, es decir, el penúltimo de la baraja, estamos llegando al final del viaje.

El Juicio nos habla de la justicia, pero no desde un punto de vista terrenal, como en la carta de la Justicia, sino del sentido de juicio hacia nosotras mismas.

A la hora de interpretar debemos tener en cuenta no solo el significado de la carta, sino de aquellas que la rodean en la tirada y cómo se relacionan entre sí.

### SIGNIFICADO AL NATURAL

En una tirada la carta del Juicio nos invita a revisar nuestro diálogo interno, a perdonarnos por nuestros errores, a cuidarnos y a asumir hasta las últimas consecuencias de nuestro carácter y a valorarnos desde un punto de vista radical. Nos habla de un sentido de realización personal pleno y consecuente, de reconciliarnos con nosotras mismas y, por lo tanto, de aceptar con gracia nuestra vida, nuestros errores, los de los demás y todas las situaciones mundanas que nos ha tocado vivir. Es una carta que nos anima a darnos valor y a tener una relación sana con nosotras mismas y a sentirnos merecedoras de todo lo bueno, de que el triunfo lo merecemos y sucederá. En el amor indica un buen momento, pero basado en el respeto hacia una misma y actuar en consecuencia. En el trabajo, momento de logros merecidos y autoafirmación.

### SIGNIFICADO INVERTIDO

El significado invertido de la carta del Juicio nos muestra que tenemos un problema de valoración personal, de autoestima o con la relación que tenemos con nosotras mismas. Nos invita a descubrir lo valiosas que somos y a tomar conciencia de todo lo bueno que tenemos que ofrecer al mundo y a nosotras mismas. Revisa tu relación contigo misma y comienza a quererte y a cuidarte más.

## 21- EL MUNDO

Se relaciona con el elemento agua, y se trata del arcano 21, con el que concluimos nuestro viaje.

El Mundo es una carta de apertura total a la vida, a las posibilidades que nos ofrece cuando ya hemos integrado todos los arcanos y experiencias vitales.

A la hora de interpretar debemos tener en cuenta no solo el significado de la carta, sino de aquellas que la rodean en la tirada y cómo se relacionan entre sí.

### SIGNIFICADO AL NATURAL

En una tirada la carta del Mundo nos habla de abrirnos totalmente a la vida y a sus posibilidades después de haber integrado los aprendizajes de todos los arcanos y las experiencias vitales. Nos acoseja comunicarnos, abrirnos y enriquecernos con la experiencia vital. Se trata de una carta muy positiva, de plenitud, celebración y de compartir nuestra dicha con los demás. Desde un punto de vista más superficial, nos habla de aquellas comunicaciones (una llamada, un mensaje de WhatsApp...) que estamos esperando y finalmente recibimos, de las redes sociales y los medios de comunicación. Se trata de una carta de culmen de lo que significa la experiencia humana en su vertiente más profunda, y también nos habla de procesos que terminan de manera satisfactoria. En el amor es una buena carta, una relación donde alcanzamos nuestro potencial más puro y nos entregamos desinteresadamente. En el trabajo muestra la realización profesional, la consecución de objetivos y deseos.

### SIGNIFICADO INVERTIDO

El significado invertido de la carta del Mundo indica etapas o asuntos sin resolver, que están inconclusos y nos generan frustración y tristeza. Tus esfuerzos parecen ser inútiles y te sientes estancada, pero esta carta en esta posición te invita a no rendirte y seguir luchando, pues no representa un «no» definitivo en ningún caso, sino un llamamiento a la esperanza.

# ARCANOS MENORES

*Matizando el mensaje de los mayores*

Aunque los arcanos menores son también complejos y dignos de estudio, te dejo una guía orientativa del significado de estas cartas a modo de resumen. Aquí podrás empezar a trabajar con ellos una vez hayas interiorizado el significado y arquetipos de los arcanos mayores. En mi tarot, el Tarot de Carlotydes, cada palo sigue una gama cromática, basada en la teoría del color, para que la interpretación sea más sencilla. Además, cada palo se inspira en la tradición folclórica y en la idiosincrasia de un pueblo diferente.

| | ESPADAS (Aire, razón) | BASTOS (Fuego, creación) | COPAS (Agua, emoción) | OROS (Tierra, material) |
|---|---|---|---|---|
| AS (Potencial) | Poder, claridad, victoria. | Creación, inspiración, fuerza. | Intimidad, bienestar. | Prosperidad. |
| DOS (Dualidad) | Elección, dicotomía. | Descubrimiento, nuevas aventuras. | Atracción, sociedad, unión. | Adaptabilidad, equilibrio. |
| TRES (Comunicación) | Dolor, duelo, corazón roto. | Preparación. | Comunidad, amistad. | Colaboración. |
| CUATRO (Estabilidad) | Recuperación, descanso, pausa. | Celebración, fiesta. | Apatía. | Seguridad. |
| CINCO (Adversidad) | Tensión, problema, discusión. | Malentendido, disputa. | Pérdida, arrepentimiento. | Pobreza, preocupaciones. |
| SEIS (Crecimiento) | Transición, viaje. | Progreso, autoestima. | Nostalgia, inocencia, niñez. | Caridad, generosidad. |
| SIETE (Fe) | Decepción, traición. | Perseverancia, competición. | Fantasía, ilusión | Inversión, visión. |
| OCHO (Cambios) | Soledad. | Cambios, movimiento. | Evasión, decepción. | Compromiso, formación. |
| NUEVE (Frutos) | Desesperación, ansiedad. | Perseverancia. | Satisfacción. | Lujo, gratitud. |
| DIEZ (Culmen) | Pérdida, crisis, dolor. | Responsabilidad. | Felicidad. | Riqueza, estatus. |
| SOTA (Acción, mensaje) | Curiosa. | Entusiasta. | Cariñosa. | Emprendedora. |
| CABALLO (Movimiento) | Argumentativo, agudo. | Apasionada. | Romántico, encantador. | Eficiente. |
| REINA (Influencia) | Perceptiva, racional, fría. | Exuberante. | Empática, intuitiva. | Amorosa, apegada. |
| REY (Autoridad) | Intelectual, pensamiento claro. | Visionario, valiente. | Equilibrado emocionalmente. | Controlador, disciplinado. |

# TIRAR LAS CARTAS

BARAJAR
Para barajar las cartas hay diferentes métodos. Algunas tarotistas dicen que siempre debe hacerse en el mismo sentido o con la misma mano. En mi opinión, debes dejarte guiar por la intuición, barajarlas y mezclarlas bien mientras piensas en tu pregunta.

LAS TIRADAS: ¿Qué y cómo preguntar?

Puedes pedir al tarot una tirada sin pensar en ninguna pregunta concreta. Esa tirada te brindará información sobre el consultante y, a partir de ahí, puedes indagar más en aquello que ha surgido en la tirada o hacer preguntas más concretas.

Existen infinitos esquemas y tipos de tiradas de tarot, en las páginas siguientes te dejo algunas de mis favoritas. No obstante, puedes crear tus propias tiradas de tarot, o ir sacando cartas de manera intuitiva y colocándolas sobre el tapete en orden.

Si estás comenzando, lo mejor es que al principio saques pocas cartas y vayas incorporando, poco a poco, tiradas más complejas para ver cómo se relacionan unas cartas con otras.

Apuntar en tu diario de tarot tus interpretaciones de las diferentes combinaciones de cartas te permitirá ver qué cosas resuenan y podrás seguir aprendiendo y mejorar.

Puedes empezar echando las cartas a alguna amiga o conocida e ir poco a poco adentrándote en este mundo.

*DIFERENCIA ENTRE TAROT Y ORÁCULO
El tarot sigue siempre la estructura que acabamos de ver. El oráculo es un tipo de baraja más libre, sin reglas, donde el artista elige el significado de cada carta y donde no existen arquetipos.

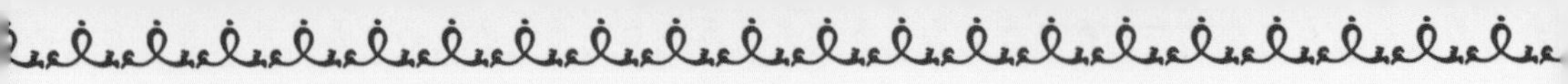

# TIRADA 1:

Tirada para pedir consejo sobre un problema.

1. Tu problema.
2. Cómo te afecta.
3. Cómo superarlo.

# TIRADA 2:

Tirada sencilla de amor.

1. Relación en general.
2. Qué siente el consultante.
3. Qué siente la otra persona.
4. Qué pasará.

# TIRADA 3:

Para saber si esa persona
piensa en ti.

1. Cómo te muestras con esa persona.
2. Qúe sientes tú.
3. Cómo se muestra esa persona.
4. Qué siente esa persona.
5. Situación futura.

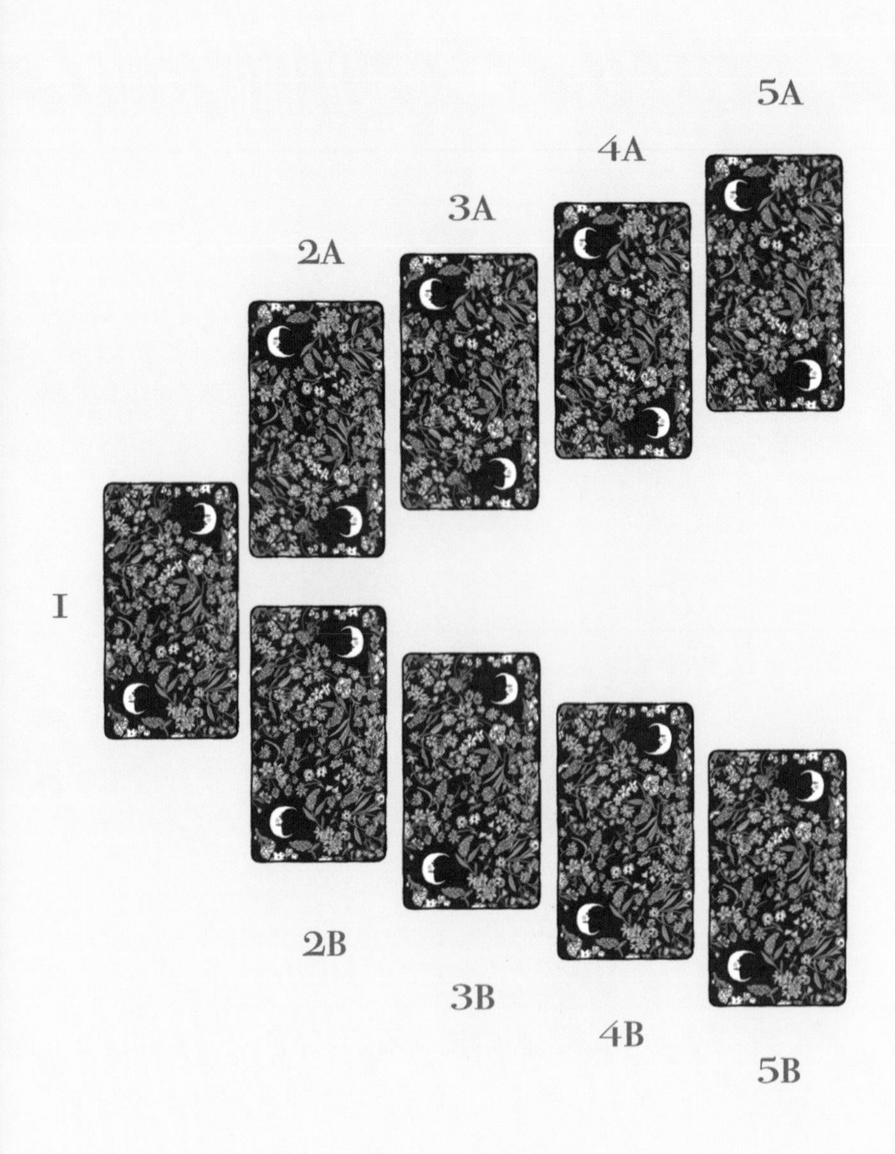


# TIRADA 4:

Para saber qué pasa en
función de si hago algo o no lo hago.

1. Situación actual.
A. Si sí hago eso.
B. Si no lo hago.

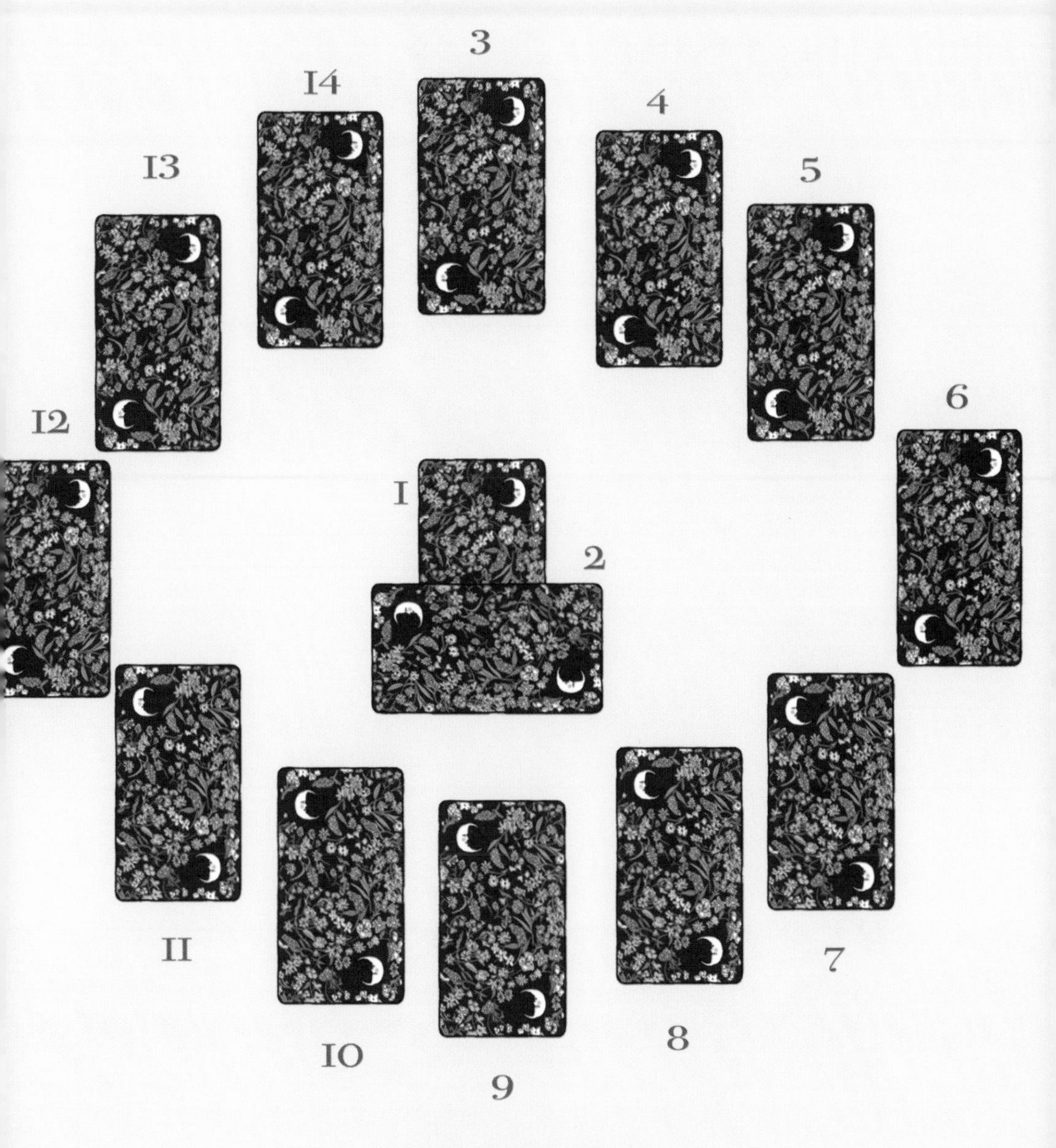


# TIRADA 5:

Para saber cómo irá el año siguiente
(la energía de cada mes).

1. La energía del año.
2. El reto del año.
3-14. La energía de cada mes
en orden cronológico (3 corresponde
a enero, 14 a diciembre).

# BOLA DE CRISTAL

La bola de cristal, además de un elemento del imaginario popular relacionado con las brujas, es uno de los medios de adivinación más antiguos para ver imágenes del pasado, presente y futuro. Para aprender a utilizarla es necesario practicar mucho y ser constante.

1. Limpia y activa tu bola de cristal.
2. Obsérvala en la penumbra con la luz de una vela situada detrás de ti.
3. Comenzarás a ver imágenes algo borrosas si consigues focalizar tu atención. Apunta lo que veas en tu grimorio o en la libreta que uses solo para este fin.
4. Nunca dejes la bola descubierta ni a la luz del sol.

# PÉNDULO

El péndulo es una herramienta de adivinación que consiste en un cuarzo colgado de una pequeña cuerda o cadena. Se usa haciéndolo oscilar encima de un pequeño tablero o papel con la inscripción: «Sí», «no» y «quizás».

Para utilizarlo debes conectar con él, limpiarlo y activarlo, como el resto de tus objetos mágicos.

Es una herramienta muy potente para preguntas sencillas. Para usarlo sostén el péndulo encima del tablero y deja que oscile con libertad, sin hacer tú ningún movimiento.

# RUNAS

Las runas son unas pequeñas piezas de madera u otros materiales tallados. Existen varios tipos de runas, las más conocidas son las runas vikingas, de origen escandinavo. Para usarlas, además de limpiarlas y activarlas, debes conocer el significado de cada pieza y tirarlas sobre un tablero para interpretar cómo y cuáles caen. A continuación te dejo el significado general de cada runa para que te sirva de guía.

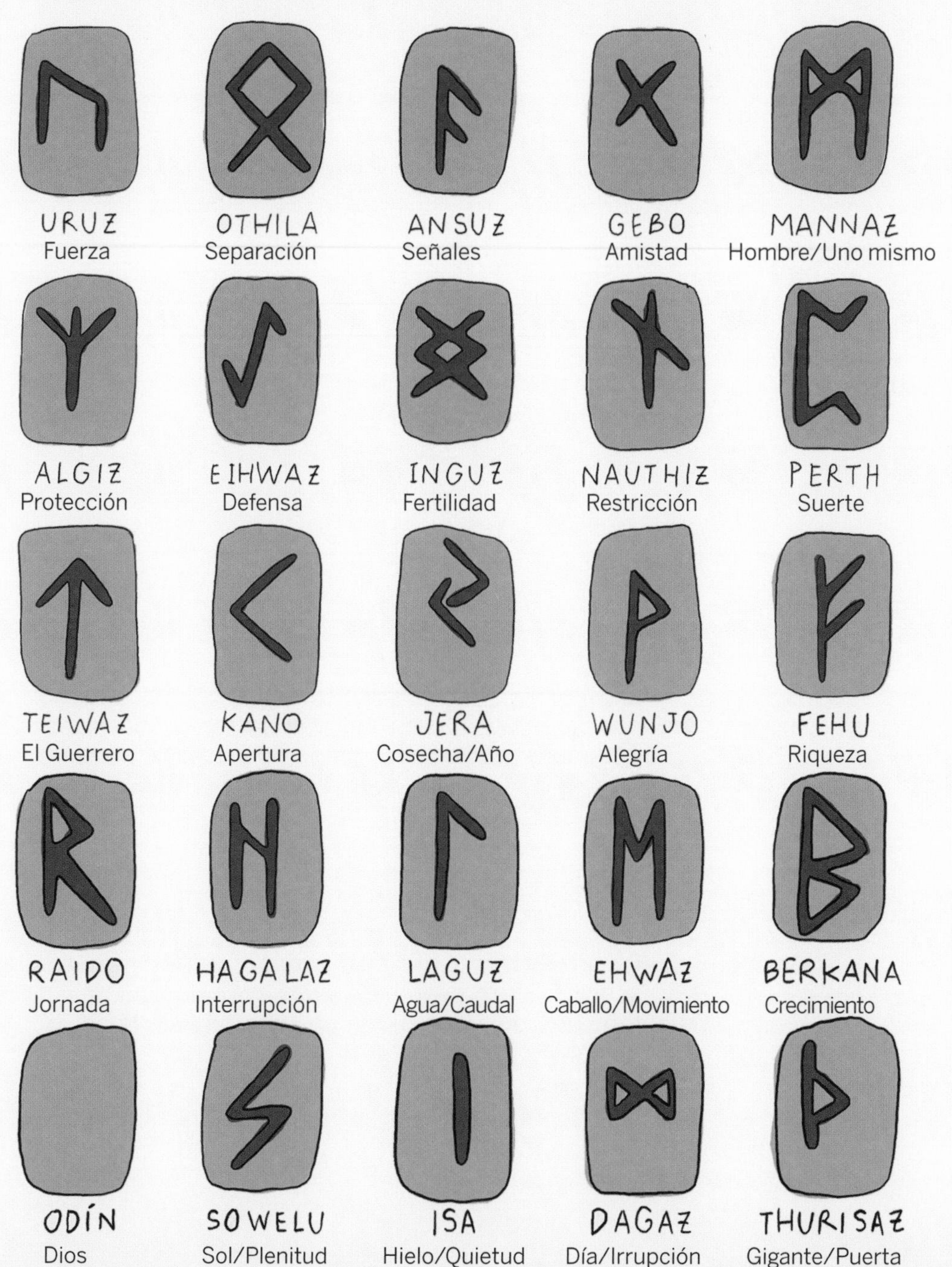

# LECTURA DE MANO

Se realiza la lectura primero con la mano derecha, después se contrasta con la información de la izquierda. La proporción es aproximadamente de 80 %-20 %, respectivamente.

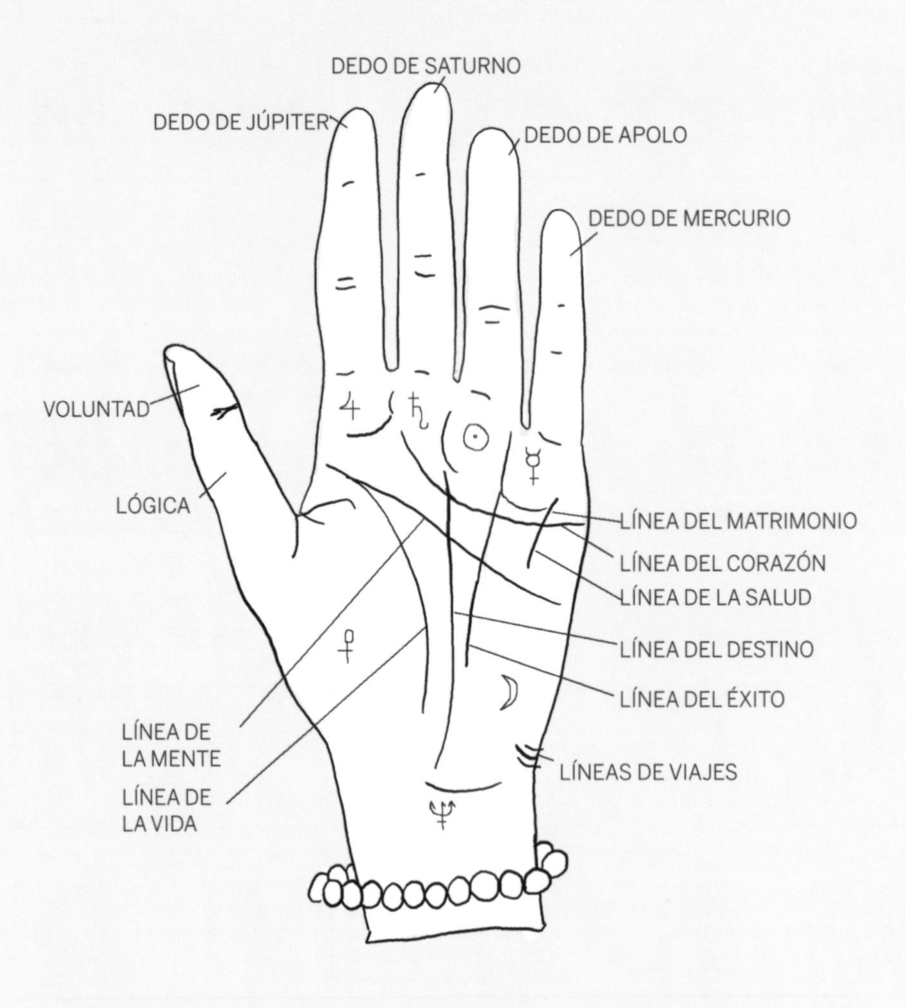


Se deben observar las intersecciones y divisiones de las líneas. Los símbolos astrológicos indican los diferentes montes que están relacionados con sus regencias planetarias y los temas que ocupan en otras disciplinas como la astrología. La prominencia de dichos montes también es un aspecto que analizar; los más voluminosos son las áreas más relevantes. Estas son las líneas principales, pero hay otros aspectos más parciales para interpretar.

# TASEOMANCIA O POSOS DE TÉ

Se trata de la lectura intuitiva de los restos que quedan tras tomarse una taza de té. También existen otras técnicas con café. Esto es una guía general.

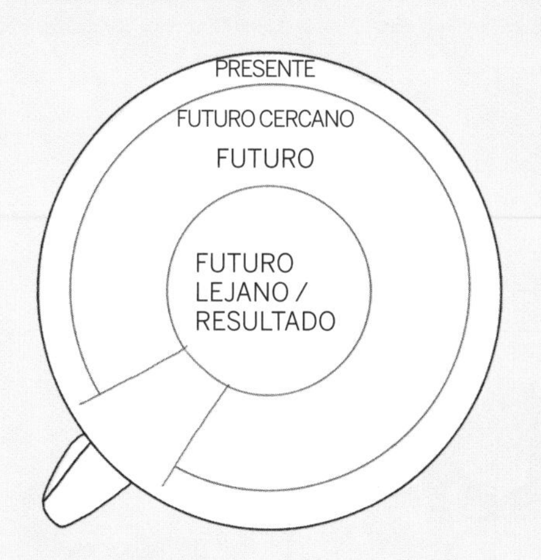

Mala salud

Decisiones

Malas noticias

Buena salud

Suerte

Buenas noticias

Viaje

Negocio

Problemas

Visita

Esfuerzos sin resultado

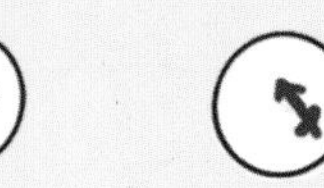
Noticias (neutro)

# VELOMANCIA

(En el capítulo 3 tienes toda la información que contiene este manual sobre velas y velomancia).

# GÜIJA

La güija consiste en un tablero con letras, números y un «sí» y un «no». Surge en el siglo XIX con la moda del espiritismo, para hacer sesiones en las que se contacta con personas fallecidas. Los participantes sitúan un dedo en un vaso puesto bocabajo sobre el tablero y se invoca al espíritu para que dé respuestas, después se debe cerrar la sesión dando las gracias al espíritu. Desde el punto de vista espiritual es una práctica que muchos consideran peligrosa y poco recomendable porque no podemos estar seguros de estar contactando con la persona deseada, ya que puede ser un ente que se esté haciendo pasar por él. Desde el punto de vista científico, el vaso se mueve porque los participantes, inconscientemente, mueven el vaso.